Contribuição de melhoria

Confira as publicações da Coleção FGV de Bolso no fim deste volume.

FGV EDITORA

FGV de Bolso
Série Direito & Sociedade
44

Contribuição de melhoria
Dúvidas, soluções, certezas

José Jayme de Macêdo Oliveira

Copyright © José Jayme de Macêdo Oliveira

1ª edição – 2017

Impresso no Brasil | *Printed in Brazil*

Todos os direitos reservados à EDITORA FGV. A reprodução não autorizada desta publicação, no todo ou em parte, constitui violação do copyright (Lei nº 9.610/98).

Os conceitos emitidos neste livro são de inteira responsabilidade do autor.

COORDENADORES DA COLEÇÃO: Marieta de Moraes Ferreira e Renato Franco
COPIDESQUE: Sandra Frank
REVISÃO: Aleidis de Beltran e Fatima Caroni
DIAGRAMAÇÃO, PROJETO GRÁFICO E CAPA: dudesign

**Ficha catalográfica elaborada
pela Biblioteca Mario Henrique Simonsen/FGV**

Oliveira, José Jayme de Macêdo
  Contribuição de melhoria: dúvidas, soluções, certezas /
José Jayme de Macêdo Oliveira. – Rio de Janeiro : Editora FGV, 2017.
  160 p. – (Coleção FGV de bolso. Direito e sociedade)

  Inclui bibliografia.
  ISBN: 978-85-225-1933-0

  1. Contribuição de melhoria. 2. Impostos. 3. Direito tributário. I. Fundação Getulio Vargas. II. Título. III. Série.

CDD – 341.3972

Editora FGV
Rua Jornalista Orlando Dantas, 37
22231-010 | Rio de Janeiro, RJ | Brasil
Tels.: 0800-021-7777 | 21-3799-4427
Fax: 21-3799-4430
editora@fgv.br | pedidoseditora@fgv.br
www.fgv.br/editora

Sumário

Prefácio   7

Capítulo 1
A primeira (e enigmática) questão que cerca a contribuição de melhoria   9

Capítulo 2
Aspectos gerais (não muito controversos) da contribuição de melhoria   17
Origens   17
Visão geral   21

Capítulo 3
As dúvidas e controvérsias acerca da contribuição de melhoria   27
Foco inicial na legislação   28
Foco inicial na jurisprudência   79
Foco inicial na doutrina   101

Capítulo 4
Sinopse conclusiva 115

Referências 123

Apêndices 129
Apêndice I. CTN (Lei nº 5.172/1966), arts. 81 e 82 129
Apêndice II. Decreto-Lei nº 195, de 24 de fevereiro de 1967 131
Apêndice III. Questões de provas (com soluções propostas) 139

Prefácio

Fazer o prefácio da obra *Contribuição de melhoria*, de autoria do professor José Jayme de Macêdo Oliveira é, para mim, uma honra e um prazer.

Sinto-me honrada pela escolha do colega de academia, livre-docente em direito tributário e financeiro e mestre em direito, que há mais de 10 anos ministra a disciplina cujo conteúdo é o foco deste livro para os alunos de pós-graduação, nível de especialização da PUC-Rio.

O prazer tem a ver com o tema escolhido pelo autor, já que contribuição de melhoria é tributo que se destaca por ser aquele mais afinado com o conceito de justiça fiscal, vinculando, nas palavras do sempre lembrado Ricardo Lobo Torres, o custo (para a administração) e o benefício (para o contribuinte) de forma dialética e integrada.

Em escrita ágil e objetiva o autor busca abarcar em seu texto os temas mais debatidos relacionados à contribuição de melhoria, tributo de competência comum, com excelente potencial de arrecadação mas pouco utilizado pelo poder público.

A grande experiência adquirida pelo mestre, durante 20 anos de exercício como auditor da Junta de Revisão Fiscal do Estado, permite que sua obra consiga apresentar ao estudioso questões práticas de grande relevo para a melhor compreensão do tributo.

Autor, entre outros livros, de um *Código Tributário Nacional comentado* que figura entre as obras jurídicas mais procuradas pelos tributaristas, o professor José Jayme de Macêdo Oliveira, com mais esta contribuição doutrinária, amplia seu campo de estudos, até então principalmente vinculado aos impostos, para se debruçar com inegável acuidade e senso crítico sobre a contribuição de melhoria, tema que de fato estava a merecer uma obra com maior densidade jurídica, como a que ora é ofertada ao leitor.

Para os tributaristas é um presente; para os alunos, uma referência obrigatória; para a academia, uma satisfação em poder contar com mais esta produção de tão relevante docente.

Para todos e para mim, um deleite, que a leitura deste instigante trabalho propicia.

Flávia de Almeida Viveiros de Castro
Professora da PUC-Rio
Doutora em direito pela Uerj
Mestre em direito pela PUC-Rio
Juíza de direito do TJRJ

Capítulo 1

A primeira (e enigmática) questão que cerca a contribuição de melhoria

Doutrinadores e tribunais que se debruçaram sobre o tributo contribuição de melhoria nele veem a espécie tributária mais justa e democrática de todas (entre outras virtudes), cuja instituição e cuja cobrança só podem ensejar benefício para a população. À guisa de exemplificação, vê-se isso confirmado (inclusive por legisladores, que incluíram a utilização desse tributo como diretriz e instrumento da política urbana):

1) Na legislação:
Lei nº 10.257, de 10 de julho de 2001 – Regulamenta os arts. 182 e 183 da Constituição Federal, estabelece diretrizes gerais da política urbana e dá outras providências.
[…]
Art. 2º. A política urbana tem por objetivo ordenar o pleno desenvolvimento das funções sociais da cidade e da propriedade urbana, mediante as seguintes diretrizes: […]
XI - recuperação dos investimentos do Poder Público de que tenha resultado a valorização de imóveis urbanos; […]

Art. 4º. Para os fins desta Lei, serão utilizados, entre outros instrumentos: [...]
IV - institutos tributários e financeiros: [...]
b) contribuição de melhoria.

2) Na jurisprudência:
EMENTA: As contribuições de melhoria podem ser criadas por leis federais, estaduais ou municipais, para fazer face ao custo de obras públicas de que decorra valorização imobiliária, tendo como limite total a despesa realizada e como limite individual o acréscimo de valor que da obra resultar para cada imóvel beneficiado (art. 81 do CTN). Portanto, a contribuição de melhoria pode propiciar ao poder público os recursos necessários à realização de importantes obras de infraestrutura, com a vantagem de impedir que tais projetos sejam utilizados como moeda de troca para favorecimentos políticos, para enriquecimento das empreiteiras, ou para a obtenção das verbas de campanha. A contribuição de melhoria é assim um tributo democrático, participativo e antipopulista, porque o contribuinte estaria pagando pela obra e saberia, portanto, que não deve qualquer favor a nenhum político. O contribuinte sentiria também mais diretamente a necessidade de fiscalizar a obra que está sendo realizada com o seu dinheiro. Para alguns doutos jurisconsultos do direito tributário, essa é a razão pela qual a contribuição de melhoria não vem sendo utilizada entre nós [Processo nº 021.000.229.217 – Remessa Ex-officio e Apelação Voluntária. TJES, 1ª C. Cív. Julg. 28 set. 2005].

3) Na doutrina:
Dessas reflexões há de surgir robusta a convicção de que o sistema tributário que não reconheça e não consagre a contribui-

ção de melhoria é imperfeito, lacunoso, inidôneo e, sobretudo, injusto. Não reconhecer e não explorar importam no mesmo. Insuficiente porque desprezará preciosa forma de financiamento de obras públicas das quais tanta necessidade tem a sociedade moderna. Injusto porque onerará desigualmente os cidadãos e não respeitará as elementares exigências da justiça distributiva, abandonando sólidos indícios científicos de proporcionalidade, asseguradores de um sistema équo de repartição de encargos tributários [Ataliba, 1964:14].

Com efeito, se se considera que, para determinada obra, suportada por impostos, todos concorrem com sacrifício, por isso que tal obra, presume-se, vai em proveito da coletividade, beneficiando, porém, de maneira concreta, determinados bens particulares relacionados com ela – via de regra em razão da localização recíproca – logo se reconhece a justeza do princípio segundo o qual os proprietários dos bens avantajados (cuja vantagem se traduz em valorização) devem concorrer, proporcionalmente, ao benefício recebido para o custeio da obra, pena de violação da justiça distributiva [Ataliba, 1964:17].

Tantas e tamanhas qualidades, contudo, não têm sido suficientes para sensibilizar a maioria de nossos municípios e estados (menos ainda, a União), no sentido da criação e cobrança de contribuição de melhoria. Basta ver que nas regiões Norte, Nordeste e Centro-Oeste, contam-se nos dedos os entes políticos que a vêm instituindo e cobrando; no Sul e Sudeste, a incidência aumenta bem, menos no Rio de Janeiro, em que há quase total descuramento. Os dois quadros abaixo bem demonstram isso: o quadro 1, com indicação quantitativa dos municípios em que havia legislação específica referente à contribuição de melhoria em 2009; o quadro 2, com dados sobre arrecadação desse tributo no ano de 2006.

Quadro 1 – Municípios (2009)

Regiões	Quantidade de municípios	Nº dos que dispõem de legislação específica sobre contribuição de melhoria
Norte	449	154
Nordeste	1.794	412
Sudeste	1.668	795
Sul	1.188	889
Centro-Oeste	466	242
Total	5.565	2.492

Fonte: IBGE. Disponível em: <www.ibge.gov.br/home/estatistica/economia/perfilmunic/2009/tabelas-pdf>.

Quadro 2 – Arrecadação de contribuição de melhoria (2006)

Regiões/estados	Total de municípios	Quantidade de municípios com arrecadação de contribuição de melhoria	%
Acre	22	3	13,63
Amazonas	60	1	1,66
Amapá	13	0	0
Pará	125	7	5,6
Rondônia	52	7	13,46
Roraima	15	0	0

Continua

Regiões/estados	Total de municípios	Quantidade de municípios com arrecadação de contribuição de melhoria	%
Tocantins	138	17	12,32
Região Norte	**425**	**35**	**8,23**
Alagoas	97	11	11,34
Bahia	384	40	10,41
Ceará	184	2	1,08
Maranhão	197	29	14,72
Paraíba	217	6	2,76
Pernambuco	181	9	4,97
Piauí	217	1	0,46
Rio Grande do Norte	163	10	6,13
Sergipe	74	4	5,40
Região Nordeste	**1.714**	**112**	**6,53**
Goiás	238	33	13,86
Mato Grosso do Sul	78	17	21,79
Mato Grosso	138	36	26,08
Região Centro-Oeste	**454**	**86**	**18,94**
Espírito Santo	78	23	29,48
Minas Gerais	842	152	18,05
Rio de Janeiro	88	11	12,50
São Paulo	637	210	32,96
Região Sudeste	**1.645**	**396**	**24,07**
Paraná	397	154	38,79

Continua

Regiões/estados	Total de municípios	Quantidade de municípios com arrecadação de contribuição de melhoria	%
Rio Grande do Sul	496	257	51,81
Santa Catarina	293	157	53,58
Região Sul	**1.186**	**568**	**47,89**

Fonte: Secretaria do Tesouro Nacional/MF. Finbra.

Com certeza, esse estado de coisas está a demandar reflexões, máxime considerando a constante situação de crise econômica e financeira aqui vivida, em todos os níveis governamentais. Vale dizer, frente à escassez de recursos e à eterna busca para prover o erário, os administradores deveriam reunir esforços para, realizando a justiça fiscal, onerar quem realmente tenha imóvel valorizado em razão de obra pública, mediante a instituição e cobrança de contribuição de melhoria. Mas não; por motivos vários (de origem técnica, administrativa ou política), o referido tributo continua ainda "adormecido" em nosso sistema.

Políticos e juristas vários veem a fonte para tal resistência à contribuição de melhoria na inviabilidade de sua cobrança, decorrente das dificuldades para delimitar a zona beneficiada pela obra pública, bem assim o fator de benefício que corresponde a cada imóvel situado na área de influência; outros, na necessidade de concessão do direito de o sujeito passivo formular impugnação a ato administrativo (edital) anterior ao lançamento do tributo.

A propósito de afirmações tais, no sentido da dificuldade para instituição de contribuição de melhoria, vem a talho a reflexão crítica do prof. Aliomar Baleeiro, feita na década de 1970:

A administração há de seguir o progresso técnico do tempo. Datilógrafos e estenógrafos substituíram copistas e escreventes. Atuários tomaram o lugar de guarda-livros. Engenheiros especializados no cálculo de estruturas modernas de ferro e cimento foram convocados em lugar dos mestres de obras. Aviadores e "chauffeurs", mecânicos e eletricistas excluíram carroceiros, carregadores e simples "manoeuvres". A administração, em matéria de contribuição de melhoria, está diante da mesma exigência: selecionar e adestrar seu pessoal à altura de novos métodos, suscitados por necessidades novas, ao invés de desmoralizar esses métodos ou sacrificar essas necessidades pelo nível dos agentes públicos mal recrutados fora do sistema do mérito [Baleeiro, 1975:323-324].

Em presença e derivação de tal panorama, outra não é a questão que se repete há décadas: se a contribuição de melhoria é a imposição com atributos de maior justeza e equanimidade e se há constantes déficits orçamentários em todos os cantos do Brasil, *por que a maioria absoluta de nossos entes políticos abre mão dela?*

Registre-se ser desígnio básico deste trabalho a busca de resposta(s) para a sobredita (e incômoda) indagação, de início perpassando pelos elementos centrais de focada espécie tributária, com pauta no exame crítico dos pertinentes aspectos legislativos e nas principais fontes jurisprudenciais e doutrinárias, visando afastar as dúvidas, as erronias e as incoerências existentes lá e cá, além de propor firmes soluções. E, adiante-se, afastados os óbices que se levantam, concluir-se-á no sentido da plena viabilidade da contribuição de melhoria, sempre guiado pela excelência do tributo como instrumento de justa distribuição dos encargos do desenvolvimento urbano.

Se exitosa, ou não, essa empreitada, o leitor o dirá. O autor se sentirá recompensado se, ao menos, seu labor houver despertado e incentivado tão relevante debate, que atina com os mais superiores interesses da sociedade civil e, deveras, das autoridades brasileiras.

Capítulo 2

Aspectos gerais (não muito controversos) da contribuição de melhoria

Origens

Na Europa nasceu a contribuição de melhoria (tributo concebido em função do binômio obra pública + valorização de imóveis), apresentando-se como dos mais antigos:

1) Na Inglaterra, em 1250, com vinculação às obras de retificação do rio Tâmisa (nas imediações de Londres) e à construção de muros às margens do trecho citadino e de diques contra a inundação dos terrenos ribeirinhos, criou-se um tributo específico (*betterment tax*), com a finalidade de retornar aos cofres do tesouro a valorização imobiliária decorrente daquelas obras públicas.
2) Na Alemanha, afastou-se o fator "valorização", para fixar a contribuição de melhoria (*beitrag*) no custo da obra; lá, o benefício não constitui referência, mas tão só o gasto público, ou seja, o benefício não é tomado como base de

cálculo, porquanto o tributo destina-se a recuperar todo gasto estatal, decorrente da realização da obra pública.
3) Na Itália, cidade de Florença (*contributi di miglioria*), em 1296, em face da realização de diversos melhoramentos para a construção da praça onde se situava a igreja de Santa Maria dei Fiore.
4) Em Portugal (1562), cobrou-se tributo destinado ao custeio da construção e reconstrução de estradas, pontes, muros e calçadas, com a designação de "fintas".
5) Na França, em 1807, existiu uma *contribution de la plus-value*, exigida em decorrência de serviços de secamento de pântanos, embelezamento e higiene das cidades e construção de estradas.
6) Nos Estados Unidos (século XIX), sob o título *special assessment*, institucionalizou-se o tributo vinculado a obras públicas (*benefit*), embora existente similar e contratual gravame (*cost*).

Curiosidade anotável é que a legislação italiana previa, na *contributi di miglioria*, um modelo de exação exigível em razão do acréscimo de despesas do ente público, gerado por atividade específica do contribuinte, como a utilização de veículos com excesso de tonelagem, daí causadores de excepcional desgaste nas vias públicas. Essa tipologia lá revogada, cá nunca existiu.

Em nosso país, a admissão da contribuição de melhoria, como imposição lançada em função do benefício provindo de obra pública, deu-se mediante a Constituição Federal de 1934, cujo art. 124 assim rezava: "Provada a valorização do imóvel por motivo de obras públicas, a administração, que as tiver efetuado, poderá cobrar dos beneficiados contribuição de melhoria". É bem verdade que antes, no tempo do Império, já se tinham exigido diversas "fintas" para custeio de certas obras públicas, na Bahia (1812) e em Minas Gerais (1818). Na República, em 1905, o Decreto nº 1.029 exigia que metade do custo da pavimentação das ruas fosse suportada pelos proprietários dos imóveis nelas localizados.

A Constituição de 1937 silenciou em relação à contribuição de melhoria, cuja exigência, a partir de então, foi admitida como se subespécie de taxa fosse ("taxa de melhoria"); contudo, a partir da Carta de 1946, não mais deixou de representar a terceira espécie dos tributos brasileiros, conforme rezava seu art. 30, cujo texto foi aperfeiçoado pela Emenda Constitucional (EC) nº 18/1965. *Verbis*:

> Art. 30. Compete à União, aos Estados, ao Distrito Federal e aos Municípios cobrar:
> I - contribuição de melhoria, quando se verificar valorização do imóvel, em consequência de obras públicas.
> Parágrafo único. A contribuição de melhoria não poderá ser exigida em limites superiores à despesa realizada, nem ao acréscimo de valor que da obra decorrer para o imóvel beneficiado [CF/1946].

> Art. 19. Compete à União, aos Estados, ao Distrito Federal e aos Municípios, no âmbito de suas respectivas atribuições, cobrar contribuição de melhoria para fazer face ao custo de obras públicas de que decorra valorização imobiliária, tendo como limite total da despesa realizada e como limite individual o acréscimo de valor que da obra resultar para cada imóvel beneficiado [EC nº 18/1965].

A Carta de 1967, em seu art. 19, manteve a contribuição de melhoria como espécie autônoma, porém extinguiu o limite individual; já a EC nº 1, de 1969, no art. 18, restabeleceu os dois limites (global e individual), conforme se vê:

> Art. 19. Compete à União, aos Estados, ao Distrito Federal e aos Municípios arrecadar: [...]
> III - contribuição de melhoria dos proprietários de imóveis valorizados pelas obras públicas que os beneficiaram.
> [...]
> § 3º. A lei fixará os critérios, os limites e a forma de cobrança, da contribuição de melhoria a ser exigida sobre cada imóvel, sendo que o total da sua arrecadação não poderá exceder o custo da obra pública que lhe der causa [CF/1967].

> Art. 18. Além dos impostos previstos nesta Constituição, compete à União, aos Estados, ao Distrito Federal e aos Municípios instituir: [...]
> II - contribuição de melhoria, arrecadada dos proprietários de imóveis valorizados por obras públicas, que terá como limite total a despesa realizada e como limite individual o acréscimo de valor que da obra resultar para cada imóvel beneficiado [EC nº 1/1969].

No ano de 1983, a EC nº 23 (art. 18) voltou a eliminar o limite individual e trocou o vocábulo "valorizados" por "beneficiados":

> II - contribuição de melhoria, arrecadada dos proprietários de imóveis beneficiados por obras públicas, que terá como limite total a despesa realizada.

Visão geral

A CF/1988, no art. 145, estabelece que "a União, os Estados, o Distrito Federal e os Municípios poderão instituir: [...] III- contribuição de melhoria, decorrente de obras públicas".

Uma inicial nota crítica se impõe, pois, com certeza, o que decorre da obra pública é a valorização dos imóveis, e não o tributo sob crivo, haja vista este legitimar-se quando se materializarem uma e outra (obra e valorização).

Pois bem. Os arts. 81 e 82 do Código Tributário Nacional (CTN), por não encerrarem qualquer conflito com sobredita norma constitucional, persistem em vigor (segundo o princípio da recepção), bem assim as disposições do Decreto-Lei (DL) nº 195, de 24 de fevereiro de 1967, que "dispõe sobre a cobrança da contribuição de melhoria". Ver, adiante, itens "Os arts. 81 e 82 do CTN" e "O Decreto-Lei nº 195/67".

No plano jurídico-positivo, identifica-se esse tributo por ter como fato gerador o acréscimo de valor do imóvel localizado nas áreas beneficiadas diretamente por obras públicas. Assim, não basta que haja obras feitas pelos governos; é necessário que delas decorra valorização para os imóveis cujos proprietários a lei submeterá ao tributo. Embora a atual Carta não traga a expressão "valorização do imóvel", o tributo continua a ser "de melhoria", e esta só é detectável caso haja valorização do patrimônio do obrigado. Dito de outro modo: é preciso haver direta relação (de causa e efeito) entre a obra e a valorização. Sobre o alcance do vocábulo "melhoria", ver item "Obra pública, melhoria/valorização e contribuição".

Corolário disso é que sujeito passivo de contribuição de melhoria só pode ser o proprietário do imóvel beneficiado, e sujeito ativo, qualquer das pessoas políticas que tenha realizado a obra. Ver item "Sujeição ativa e passiva (contribuinte e responsável)". Há limites para a cobrança desse tributo, decorrentes de sua própria definição: no total, não pode exceder o custo da obra; no individual, a exigência tributária não pode ser maior que o acréscimo de valor sofrido pelo imóvel (ver, adiante, item "Limitações e limites"). As obras públicas que podem justificar a instituição de contribuição de melhoria acham-se discriminadas no DL nº 195/1967 (sobre as obras públicas que se podem incluir no campo geratriz da contribuição de melhoria, ver item "O que vem a ser 'obra pública'", adiante), assim como outros aspectos à mesma inerentes.

Em verdade, quanto mais as cidades crescem e as demandas por infraestrutura aumentam, mais se amplia o volume de recursos dos quais os governos precisam dispor para atender a toda a população. Na medida em que as obras de infraestrutura ou melhoramentos vão sendo realizadas, a qualidade de vida se eleva, mas também os imóveis valorizam. Com base nessa lógica, os entes políticos podem instituir e cobrar uma contribuição dos cidadãos cujos imóveis foram beneficiados com a melhoria (valorização).

Cumpre salientar que, além da função fiscal (visa à arrecadação de recursos para o erário), a contribuição de melhoria tem também a função redistributiva, ou seja, o restabelecimento da equidade em termos da aplicação dos recursos públicos, de forma a evitar um ganho individual indevido em razão da arrecadação tributária provinda da maioria.

Induvidoso, assim, é a contribuição de melhoria encontrar fundamento moral no enriquecimento injusto, sem causa, deveras ocorrente no caso da mais-valia da propriedade particular provocada por obra pública e custeada por exações de caráter geral (impostos). Nada mais justo, aí, senão o particular cujo imóvel se valorizou face à obra pública, indenizar o Estado (e mediatamente a coletividade em geral) por essa vantagem econômica especial, ainda que não a tenha querido ou pleiteado.

Além de moral, o sobredito fundamento é também jurídico, embora guarde processão no direito civil. Mesmo assim, há enriquecimento sem causa para o qual não prevê o direito norma alguma de conteúdo ressarcitório. Por exemplo, a realização de obra privada (construção de um *shopping center*), que traga mais-valia para os imóveis circunvizinhos. Deveras, os proprietários destes obtêm ganho sem despender capital ou trabalho algum (e sem obrigarem-se a ônus que isso mitigue, salvante a bulha que qualquer construção ocasiona), daí sobressaindo certo descompasso na aplicação do princípio a situações de valorização imobiliária provocada por terceiros, nada relevando se estes sejam privados ou públicos.

No ensejo, segue-se um bosquejo de outras correntes doutrinárias (além do mencionado enriquecer sem causa), que intentam justificar o tributo contribuição de melhoria:

1) É certo que o Estado exerce domínio genérico sobre os bens existentes em sua base territorial, concretizável sempre que o interesse público o reclame, como o tombamento (CF/1988, art. 216), a requisição (CF/1988, arts. 5º, XXV, e 139, VII), a servidão administrativa (DL nº 3.365/1941, art. 40), entre outros. É o chamado "domínio eminente", perceptível na contribuição de melhoria, porquanto, em última análise, esse tributo depara-se como forma de intervenção estatal na propriedade alheia, visando assegurar a função social urbana (cf. Lei nº 10.257/2001).
2) A contribuição de melhoria se manifesta como "repetição de indébito", porquanto o proprietário recebera indevi-

damente o montante correspondente à mais-valia de seu imóvel, decursiva de obra pública, impondo-se a respectiva devolução. Funda-se tal pensar na necessária recuperação, por parte do Estado, do acréscimo de valor que teve o imóvel devido à obra pública.

3) A "gestão de negócios" pelo Estado caracteriza-se pela espontaneidade, porquanto a realização da obra pública (que vai valorizar os imóveis privados) é decorrência das normais atribuições assumidas pelos governantes, e a exigência de contribuição de melhoria inere a tal gerenciamento.

4) O critério "custo/benefício" presta-se a fundamentar a contribuição de melhoria, mais claramente até do que com relação às taxas (vinculadas a serviços públicos). O dispêndio havido para realização da obra pública e o benefício especial obtido por alguns legitimam a instituição e cobrança desse tributo, exigindo ajustamento equânime e necessário. Como bem o diz o prof. Ricardo Lobo Torres (1986:393), "desde que se apresentem concomitantemente a mais-valia e a despesa pública específica, estará autorizada a cobrança da contribuição de melhoria, até o limite dos respectivos valores concorrentes".

5) O "princípio da isonomia" se apresenta como fundamento para a exigência de contribuição de melhoria, na medida em que veda a imposição de ônus financeiro a toda a coletividade, quando apenas parte dela se haja beneficiado efetivamente da valorização que da obra pública surgiu. Por isso, de modo enfático, o prof. Carlos Roberto Marques (2005:48) afirma:

A não tributação da mais-valia advinda de uma obra pública custeada por todos os membros da sociedade viola o princípio de proibição de desigualdade contido no art. 150, II, da Constituição, consubstanciando privilégio odioso a ser afugentado pela cobrança da contribuição de melhoria, cujo fundamento maior é a isonomia.

Capítulo 3

As dúvidas e controvérsias acerca da contribuição de melhoria

Enumerados os aspectos gerais mais relevantes e menos controvertidos do tributo contribuição de melhoria, é chegada a hora de dirigir-se a pesquisa a pontos rodeados de polêmicas mais acirradas (seja de natureza conceitual, interpretativa ou aplicativa), primeiro partindo das normas legais, depois centrando em diretivas jurisprudenciais e, ao fim, tomando por base opiniões doutrinárias.

A estratégia adotada consiste na apresentação das situações e casos envolvidos por dúvidas e erronias, sem descurar do alinhamento de possíveis soluções, de modo a desmascarar a falácia de que a vigente legislação estabelece regramentos que tornam a contribuição de melhoria de instituição quase impossível. É certo que, em alguns momentos, vai-se concluir pela impropriedade ou invalidez desse ou daquele dispositivo legal e propugnar por sua alteração, o que, todavia, não estiolará a conclusão de que a contribuição de melhoria pode, sim, ser instituída e cobrada no Brasil com respeito aos mandamentos constitucionais e legais em vigor.

Foco inicial na legislação

O Decreto-Lei nº 195/1967

Os arts. 81 e 82 do CTN, em linhas gerais, tratam da hipótese de incidência da contribuição de melhoria, preveem os limites para sua cobrança, estabelecem providências formais e o modo de sua quantificação. Em outros sítios deste trabalho, foram ou serão eles objeto de análise (com mais detença no item "Os arts. 81 e 82 do CTN", à frente). Aqui o centro é o DL nº 195/1967.

Trata-se de um diploma legislativo de forma e conteúdo revoltos e imprecisos, não só porque editado no bojo do tumulto jurídico instalado pelo regime autoritário iniciado em 1964 (base no Ato Institucional nº 1), mas também porque veio à luz em momento anterior ao início de vigência da Constituição de 1967, embora vinculado ao art. 19, § 3º desta, que prescrevia a elaboração de lei para fixar "os critérios, os limites e a forma de cobrança da contribuição de melhoria a ser exigida sobre cada imóvel". Relembre-se que a Carta de 1967 (promulgada em 24 de janeiro de 1967) entrou em vigor em 15 de março de 1967 e o decreto-lei em análise em 27 de fevereiro daquele mesmo ano.

Mas não apenas tais considerações de índole formal embaralham o estudo acerca do indigitado decreto-lei, posto que, também no ponto de vista material, subsiste discussão acerca de suas disposições: (1) apresentarem-se como normas gerais subordinantes de todas as pessoas políticas ou encerrarem regras aplicáveis tão só às contribuições instituídas pela União; (2) haverem, ou não, revogado os arts. 81 e 82 do CTN; e (3) terem, ou não, sobrevivido produzindo efeitos, pós-Emenda Constitucional nº 23, de 1983.

Sobreditas dubiedades apresentam fontes que se interpenetram, pois, como já dito, o DL nº 195/1967 atendeu à remissão expressa na Constituição de 1967, embora editado e vigente enquanto ainda vigorava a Carta de 1946, que não exigia lei complementar para o estabelecimento de normas gerais em sede tributária. Ora, desse modo, o referenciado decreto-lei adentrou o ordenamento jurídico pátrio com a missão específica de disciplinar o tributo contribuição de melhoria instituível em todo o Brasil, pelo que suas normas estampam o caráter de norma geral, *ad instar* das insertas no CTN, portanto aplicáveis à União, estados, Distrito Federal e municípios.

Eis aí a conclusão pacificada na jurisprudência, *v.g.*:

De acordo com a jurisprudência desta Corte, continuam em vigor os arts. 81 e 82 do Código Tributário Nacional, bem como as disposições do Decreto-Lei 195/67, os quais regulamentam a contribuição de melhoria [REsp nº 671.560/RS. STJ, 1ª T. *DJU*, 16 jun. 2007].

[...] esse decreto-lei, nas suas normas gerais de direito tributário, é aplicável aos estados e municípios. Conhecimento e provimento parcial do recurso extraordinário do contribuinte, para sujeitar à cobrança da contribuição de melhoria a regra do art. 12 do citado Decreto-lei n. 195 [RE nº 92.209/PR. STF. *DJU*, 18 abr. 1980].

E também na melhor doutrina:

Além das disposições do Código sobre a contribuição de melhoria, o nosso direito positivo conta com outro ato de feição complementar, regulador de sua cobrança. Trata-se do Decreto-lei 195, de 24.02.1967 [Fannuchi, 1974:63].

[...] e continuam em vigor as disposições do Código Tributário Nacional e do Decreto-lei n. 195, o que de pronto afasta a possibilidade de instituição de contribuição de melhoria sem valorização imobiliária [Machado, 2004:401].

Agora, se é certo o caráter de lei complementar do DL nº 195/1967, mais certo é que nem todos os seus dispositivos guardam *facies* de normas gerais tributárias (como deixa entrever o aresto do STF, cuja ementa por último se transcreveu), bastando conferir (no apêndice-II deste livro) que: os arts. 7º, 10 e 11 tratam da impugnação no âmbito federal; os §§ 2º e 3º do art. 8º versam questões atinentes à locação de imóveis; os §§ 2º a 7º do art. 12 e arts. 13 a 15 fixam os modos de correção monetária e aplicação de multa de mora, da utilização de títulos da dívida pública para pagamento, além de possibilitar à União o lançamento e a arrecadação do tributo no caso de serviço público concedido e a delegação das tarefas de lançamento e arrecadação do tributo aos estados, Distrito Federal e municípios; o art. 16 estabelece caso de destinação do produto da arrecadação de contribuição de melhoria federal aos municípios; o art. 17 contém norma referente ao imposto de renda e o art. 20 remete a decreto regulamentador, deveras tocante aos dispositivos aplicáveis apenas à União (retromencionados).

Como se vê, os suprarrelacionados artigos do DL nº 195/1967 dizem com o interesse direto e exclusivo da União, logo se revelam normas federais, remate avigorado, sobretudo, pela autonomia legislativa dos estados, Distrito Federal e municípios. Já suas demais disposições, com algumas correções e ajustes (máxime, redacionais) impostos pelo sistema tributário vigente, seguem vigorantes como normas gerais sobre a contribuição de melhoria (e serão objeto de análise nos itens à frente apontados). Faz-se ora apenas sua enumeração:

- arts. 1º e 2º – definição do fato gerador e de um rol (exemplificativo) das obras públicas sujeitas à contribuição de melhoria (cf. itens "Fato gerador, base de cálculo e alíquota da contribuição de melhoria" e "Obra pública, melhoria/valorização e contribuição");
- art. 3º (primeira parte do *caput*) – definição do sujeito ativo (cf. item "Sujeição ativa e passiva (contribuinte e responsável)");
- art. 3º (segunda parte do *caput* e §§ 1º e 2º) – definição dos modos de quantificação (cf. item "Obra pública, melhoria/valorização e contribuição");
- arts. 3º, § 3º, e 8º, *caput* e § 1º – definição do contribuinte e do responsável (cf. item "Sujeição ativa e passiva (contribuinte e responsável)");
- art. 4º – definição do limite global (custo da obra) (cf. item "Limitações e limites");
- art. 5º – definição de regras atinentes ao edital (cf. item "Os arts. 81 e 82 do CTN");
- art. 6º – definição do prazo para impugnação do edital (cf. item "Os arts. 81 e 82 do CTN");
- art. 9º – definição do momento do lançamento e início da cobrança (cf. item "Momento da cobrança");
- art. 12, *caput* e § 1º – definição do valor máximo de cobrança anual e da possibilidade de concessão de desconto (cf. item "Limitações e limites");
- art. 18 – imputação à contribuição de melhoria de preferência sobre outras dívidas tributárias relativas ao

imóvel valorizado (cf. item "Imputação de pagamento de contribuição de melhoria").

A conclusão até aqui firmada leva a que o DL nº 195/1967 não revogou *in totum* as disposições do CTN (arts. 81 e 82), antes as normas de ambos (de fundo geral) devem ser interpretadas e aplicadas conjuntamente, prevalecendo as do decreto-lei em caso de confronto, à luz do princípio *lex posterior derogat priori* (haja vista a idêntica natureza de lei complementar que as informa).

Ainda sobre a *quaestio*, cabe aludir à Emenda Constitucional nº 23/1983, que, alterando o comando da Carta de 1969, relativo à contribuição de melhoria, para "II – contribuição de melhoria, arrecadada dos proprietários de imóveis beneficiados por obras públicas, que terá como limite total a despesa realizada", deu a impressão de que nosso tributo passara ao critério "custo" (em lugar da "valorização"), tanto que teria eliminado o limite individual, a termo de o prof. Sacha Calmon Navarro Coêlho, a exemplo de alguns autores, haver defendido que "o Decreto-lei n. 195/67 caducou antes da Constituição de 1988". E assim revela o porquê:

> É que este diploma legal regulava, com o caráter de lei complementar, uma contribuição de melhoria baseada no critério valorização, como previsto na Constituição de 1967 e na Emenda n. 1/69. Ocorre que em 1983 a Emenda Constitucional n. 23, alterou fundamentalmente o tipo de contribuição de melhoria existente, optando pelo critério custo. Em sendo assim, desde aquela época, o Decreto-lei n. 195/67 tornou-se incompatível com a Constituição de 1967. Tê-lo como vigente agora, implicaria repristinação atípica, e o que é pior, em subordinar a Consti-

tuição vigente a um texto anterior até mesmo à Carta outorgada de 1967, antecipando a escolha do tipo de contribuição pelo legislador complementar, que poderá até omitir-se, deixando a escolha às pessoas políticas [Coêlho, 1992:274].

Não comungamos dessa tese do insigne justributarista, forte nas iterativas diretrizes jurisprudenciais (sobretudo do Pretório Excelso), no sentido de que nossa contribuição de melhoria sempre (e só) se vinculou à valorização decorrente de obra pública, pelo que não se vê (nem antes se viu) desconcerto entre o DL nº 195/1967 (e o CTN) e nossas Constituições (desde a de 1967 até a atual). Leia-se a jurisprudência prevalecente, retratada nos acórdãos assim ementados:

> Contribuição de melhoria. Art. 18, II, CF/67, com a redação dada pela EC n. 23/83. Não obstante alterada a redação do inciso II do art. 18 pela Emenda Constitucional n. 23/83, a valorização imobiliária decorrente de obra pública – requisito ínsito a contribuição de melhoria – persiste como fato gerador dessa espécie tributária [RE nº 116.147/SP. STF, 2ª T. *DJU*, 29 out. 1991].

> Importante destacar que, tanto os arts. 81 e 82 do CTN, quanto os dispositivos do Decreto-lei 195/67, ainda continuam em vigor, os quais exigem a valorização do imóvel para a cobrança da contribuição de melhoria [AgRg no Ag nº 1.079.924/RS. STJ, 1ª T. *DJU*, 12 nov. 2008].

Mesmo a substituição de "imóveis valorizados" por "imóveis beneficiados" (feita pela EC nº 23/1983), sobre revelar flagrante carência de técnica legislativa, não afasta a "valorização" como critério final e objetivo de aferição do benefício trazido ao imóvel pela obra pública objeto da contribuição de melhoria. Também a omissão quanto ao limite individual (na EC nº 23/83) não é bastante para concluir alterado o fato gerador de nossa contribuição de melhoria, máxime por desnecessária sua menção na Lei Maior. Sobre as limitações e limites inerentes à contribuição de melhoria, ver item "Limitações e limites".

Por derradeiro, a questão da regulamentação, pelo Poder Executivo, do DL nº 195/1967, a que remetem seus arts. 3º, 7º e 20.

Já ficou assentado, neste item do trabalho, que o DL nº 195/1967 reveste a natureza de lei complementar, veiculadora de normas gerais atinentes à contribuição de melhoria e, também, que nele comandos há aplicáveis apenas à União, logo federais. Nessa razão, a aludida regulamentação por decreto do Executivo deve envolver apenas estes últimos dispositivos, já que as normas gerais prescindem dela, por sua própria natureza.

E tais remates se afinam com a diretriz firmada pelo Pretório Excelso:

> Contribuição de Melhoria. Municípios. O Supremo Tribunal Federal tem decidido que a instituição e a cobrança de contribuição de melhoria pelos Estados e Municípios independe da regulamentação prometida pelo art. 3º, caput, do Decreto-lei n. 195, de 24.02.1967 (RE 76.278, relator Min. Djaci Falcão, RTJ 69/814; RE 77.176, relator Min. Bilac Pinto, DJ de 05.12.75, p. 9162; RE 86.830, relator Min. Moreira Alves, DJ de 2.12.77, p. 8749/50), mas não que esse decreto-lei, nas suas normas gerais de direito tributário, seja inaplicável aos Estados e Municípios [RE nº 92.209/PR. STF, 2ª T. *DJU*, 18 abr. 1980].

Os arts. 81 e 82 do CTN

É matéria pacificada nunca haverem perdido vigência tais disposições do CTN: "A jurisprudência do STJ é pacífica no sentido de que: i) os artigos 81 e 82 do CTN estão em pleno vigor" (AgRg no Ag nº 1.159.433/RS. STJ, 1ª T. *DJU*, 5 nov. 2010).

O art. 81 do CTN, com redação um pouco diferente da conferida a algumas das disposições do DL nº 195/1967, define o fato gerador da contribuição de melhoria e alude aos limites exigíveis para sua quantificação: obra pública + valorização dos imóveis próximos e limites global (custo da obra) e individual (acréscimo de valor resultante da obra). Em princípio, não se pode discordar da observação feita pelo prof. Adilson Rodrigues Pires (1994:26), no sentido de que o referenciado artigo do CTN, "desfigurado, não condiz com a simplicidade da enunciação constitucional".

O art. 82 prevê a adoção de providências administrativas tendentes a legitimar a contribuição de melhoria, sendo a primeira a divulgação de um edital contendo os elementos descritos em seu inciso I. O mencionado ato administrativo é condição *sine qua non* à validez do tributo ("Não é devida a cobrança de contribuição de melhoria do contribuinte, quando o Poder Público não cuidou de publicar o edital prévio previsto no art. 82, do CTN." – AC nº 0000200-52.2011.8.13.0432. TJMG, 1ª C. Cív. *DJMG*, 16 dez. 2011), publicação essa que é de ser "prévia", muito embora o código não diga a quê. Tal lacuna vê-se suprida pelo art. 5º do DL nº 195/1967, que indica a necessidade do edital "para a cobrança da contribuição de melhoria". Além do mais, se o parágrafo único desse artigo não dispensa sua publicação "nos casos de cobrança de contribuição de melhoria por obras públicas em execução", consequência lógica é que sua exigência é apenas para fins de cobrança, nada tendo a ver com o início das obras.

Vale anotar que o prof. José Eduardo Soares de Melo (2006:77) divisa "patente inconstitucionalidade" no art. 82 do CTN, por estabelecer "a necessidade de participação do sujeito passivo no que tange a projetos, obras, custos etc., contrariando a nota característica dos tributos (irrelevância e prescindibilidade do consentimento do contribuinte)". De difícil sustentação, a tese do grande mestre (inclusive no tocante ao art. 5º do DL nº 195/1967), porquanto os elementos em referência podem ser impugnados pelo possível futuro contribuinte, apenas visando a que se reavaliem elementos de seu próprio interesse (e não os relativos à obra em si ou ao tributo) e, sobremais, considerando a relevância da divulgação prévia de referenciados requisitos, por conta da carga discriminatória e da necessidade do pleno respeito ao princípio da transparência fiscal.

Aspecto interessante a averiguar é o relativo ao meio utilizável para a publicação do edital: basta a afixação no recinto da prefeitura ou exige-se a inclusão em periódico que circule no município da obra?

Não se discute que incumbe à legislação do ente político tributante estabelecer a forma da publicação do edital, sendo certa a utilização de diário oficial, caso existente; se não, deve-se recorrer a jornal que circule na área do ente político. Se nem um nem outro houver, a solução é a afixação em quadro próprio localizado no prédio da prefeitura e da sede do Poder Legislativo, seguida de cientificação pessoal dos interessados.

De qualquer modo, como já dito, as normas legais da pessoa política detentora da competência tributária devem disciplinar a matéria. O que se depara impróprio é, sem qualquer outra consideração, fixar-se o edital apenas no recinto da prefeitura ou da competente secretaria do governo, mesmo dispondo de outros meios mais eficazes de cientificar os futuros sujeitos passivos da contribuição de melhoria. O direito à impugnação dos elementos do edital, pelos cidadãos afetados pelo tributo, reclama da Fazenda Pública empenho e esforço máximos no sentido de que haja a mais completa divulgação para ciência dos interessados. E não por outro motivo, o 1º TACiv SP (RT nº 654/114), assim decidiu:

> Não sendo os editais publicados na imprensa, mas apenas afixados no recinto da Prefeitura, há nulidade no lançamento do tributo. É que tal publicação constitui um dos passos do procedimento prévio do lançamento, pois de mister a efetiva possibilidade de impugnação dos dados publicados, como previsto no art. 7º do Decreto-lei 195/67.

É de gizar que referenciado edital deve preceder a cobrança, e não obrigatoriamente o início da obra pública respectiva, na medida em que sua publicação ocorre porque haverá, há ou houve uma obra. É certo que há tribunais estaduais perfilhando seja obrigatória a feitura de um segundo edital, pós-obra, por exemplo: "Necessidade de publicação de segundo edital, dando por concluída a obra e informando a cobrança da contribuição, não bastando notificação sem referência aos custos respectivos" (AC nº 70.034.826.990. TJRS, 22ª C. Cív. Julg. 1 mar. 2010). Como demonstrado, falta base no CTN e no DL nº 195/1967 para tal exigência, razão por que ressai mais ajustado ao sistema tributário brasileiro o entendimento esposado no seguinte julgado:

> Relativamente à contribuição de melhoria, prevalece nos tribunais, inclusive no STF, o entendimento de que não são necessários dois editais, um de anúncio da obra e outro de conclusão. Desde que seja publicado após a conclusão e antes dos lançamentos, basta um, pois a sua finalidade não é ensejar ao contribuinte a impugnação da obra em si, mas dos elementos constantes [AC nº 70.008.738.106. TJRS, 1ª C. Cív. Julg. 15 dez. 2004].

Outra não é a diretriz hermenêutica provinda do STJ:

> A publicação prévia do edital é necessária para cobrança da contribuição e não para realização da obra. Precedentes do STF [REsp nº 8.417/SP. STJ, 2ª T. *DJU*, 5 jun. 1995].

> A partir do D.L. 195/67, a publicação do edital é necessária para cobrança da contribuição de melhoria. Pode, entretanto, ser posterior à realização da obra pública. Precedentes da 1ª e 2ª Turma [REsp nº 143.998/SP. STJ, 2ª T. *DJU*, 13 jun. 2005].

Nesse átimo, cabem algumas notas elucidativas acerca dos elementos integrantes do edital em referência:

1) "Memorial descritivo do projeto" é expressão própria de engenharia e arquitetura, designativa do conjunto de esclarecimentos e pormenores atinentes à obra, tais como: localização, plantas, prazo de duração, caracteres gerais etc.

2) No tocante ao orçamento do custo da obra, vale salientar que o art. 4º do DL nº 195/1967 enumera as parcelas que o devem integrar, além dos dispêndios de execução, de material e de mão de obra, tais como as despesas relativas à engenharia consultiva (estudos prévios, anteprojetos, plantas etc.), ao financiamento, administração e fiscalização da obra. Destaca o § 2º de sobredito dispositivo legal o balizamento a ser observado para fins de definição do percentual a ser rateado entre os proprietários dos imóveis valorizados. É de notar que o custo da obra é o limite global da cobrança, podendo, de consequência, fixar-se *quantum* inferior ao que se gastou em sua realização, desde que considerados os aspectos descritos em referenciada norma legal, na linha das observações feitas no parágrafo seguinte.
3) Conforme dito nas últimas linhas, incumbe ao poder público definir a parcela do custo da obra a ser rateada mediante a contribuição de melhoria, mister que exige atenção quanto à "natureza da obra e os benefícios para os usuários" (que se podem refletir sobre propriedades não alinhadas na zona de influência), quanto à existência de "atividades econômicas predominantes e o nível de desenvolvimento da região" (dados que permitem concluir sobre a viabilidade da exigência do tributo), tudo segundo indica o § 2º do art. 4º do DL nº 195/1967. Outras observações sobre a fixação do limite global em *quantum menor* que o custo da obra, ver item "Tributações e limites", adiante.
4) Com relação à "delimitação da zona beneficiada", vale gizar que deve ela compreender os imóveis valorizados pela obra pública e localizados em suas redondezas (esta

última referência, dada sua obviedade, faz-se tão só por dever didático). As normas legais em exame obrigam a concluir que o benefício decorrente da obra pode alcançar propriedades não contíguas (mas próximas), tanto que exigem respeito a "fatores individuais" (§ 1º do art. 82), para efeito da determinação dos índices de valorização, entre os quais ressalta a distância da construção realizada, seja de que natureza for. Nessa esteira, o prof. Fábio Fanucchi (1980:63) leciona "que não há, absolutamente, necessidade de o imóvel ser contíguo à obra, bastando que seja favorecido de alguma forma pela realização dela e que, desse favorecimento, tenha decorrido sua valorização". Há quem defenda a inviabilidade da cobrança de contribuição de melhoria dada a dificuldade para delimitar-se a zona indiretamente beneficiada pela obra pública (valorização), bem assim os individuais índices do acréscimo imobiliário havido (tópico seguinte), temática que se enfrentará mais detidamente no item "Valorização imobiliária decorrente da obra pública: real ou presumida?" do presente.

5) O "fator de absorção do benefício da valorização" é o elemento central do "plano de rateio entre os imóveis beneficiados" (art. 5º, IV, do DL nº 195/1967) e se expressa nos índices de valorização de cada imóvel, os quais dão ensejo ao cálculo da contribuição de melhoria.

Do inciso II do citado art. 82 do CTN provém o direito de o futuro sujeito passivo da contribuição de melhoria impugnar "qualquer dos elementos" do edital. Impõe-se uma breve reflexão quanto a sobredito direito, no sentido de enfatizar que tal impugnação não é à obra (ou à sua realização), mas apenas passível de direcionamento a aspectos insertos em mencionado ato administrativo. Pois, é dado somente ao ente público, e nos limites de sua competência, analisar e verificar da conveniência ou não da realização de obras que importem em melhorias para os cidadãos. Como fiscal da obra, que de fato é, a coletividade pode valer-se de recursos específicos para a contestação das atividades governamentais e desde que impliquem malversação do dinheiro público, via ação popular. Descabe, outrossim, ao Judiciário intervir no tocante à apreciação da oportunidade e conveniência da prática do ato administrativo, atributos esses que somente o administrador pode mensurar. Por certo, tampouco cabe isso aos cidadãos. Equipole dizer que impugnações ao edital visam apenas a questionar os elementos deste, jamais se a obra deve ou não se realizar, isto é, como reza o art. 11 do DL nº 195/1967, "não suspendem o início ou prosseguimento das obras, e nem terão efeito de obstar a Administração à prática dos atos necessários ao lançamento e cobrança da contribuição de melhoria". Alerte-se que a parte final desse regramento vale só para os casos em que não tenha havido impugnação, na medida em que, apresentada esta, deflagra-se lógico e necessário efeito inibidor de a Fazenda Pública proceder a qualquer ato atinente à cobrança do tributo, relativamente ao impugnante (enquanto pendente de julgamento a contestação interposta).

Não custa ajuntar a preciosa lição doutrinária a seguir:

> O objetivo da publicação do edital, com os elementos que a lei exige, não é pedir a concordância do contribuinte quanto à realização da obra pública, mas, sim, abrir ao proprietário do imóvel valorizado a possibilidade de examinar a ocorrência dos pressupostos constitucionais da contribuição de melhoria, vale

dizer: incremento imobiliário consequente de obra pública e despesa total realizada [Arzua, 1977:193].

No concernente ao prazo para a entelada impugnação, vigora o prescrito no art. 6º do DL nº 195/1967 ("trinta dias"), não prevalecendo a dicção do CTN ("não inferior a trinta dias"), por força do critério da cronologia, aplicável para fins de correção de desconcertos legais de igual nível. Diga-se mais: a jurisprudência não admite desrespeito, pena de decretar a invalidade da imposição. Para conferir:

> Ao estabelecer o prazo de dez dias para impugnação dos interessados, o edital não obedeceu ao disposto no art. 82, II, do CTN, e arts. 6º e 10º do Decreto-Lei nº 195/67, acarretando a nulidade da cobrança. Precedentes do STF, STJ e TJRGS [AC nº 7.003.4826.990. TJRS, 22ª C. Cív. Julg. 1 mar. 2010].

Ainda sobre o edital, sua não publicação implica a inexigência da contribuição de melhoria, ressoando perfeita a argumentação em tal sentido, posta no seguinte julgado do Tribunal de Justiça gaúcho.

> Ocorre que, no caso em tela, não houve a publicação prévia, nem tampouco, a divulgação de edital após a conclusão das obras, indicando o valor total dos custos dividido pelos contribuintes beneficiados. Dessa forma, não foi dada a oportunidade de defesa para que a contribuinte se manifestasse acerca da obra [AC nº 70.033.884.339. TJRS, 21ª C. Cív. Julg. 23 jun. 2010].

Já o inciso III do citado art. 82 determina que a lei instituidora da contribuição de melhoria deve providenciar a regulamentação do processo administrativo a ser instaurado em face da impugnação aos dados do edital, nada proibindo, no entanto, que estados e municípios apliquem as normas já vigentes disciplinadoras de seus processos administrativos tributários em geral.

Em respeito aos dois limites inerentes à contribuição de melhoria (cf. item "Limitações e limites", à frente), sua quantificação deve efetivar-se mediante a divisão do montante do custo da obra (total ou parcial) levando em conta os índices de valorização dos imóveis localizados na respectiva zona de influência. É o que retrata o § 1º do art. 82 sob crivo, cujo teor se ratifica frente ao constante do § 2º do art. 3º do DL nº 195/1967 (ver texto no apêndice II).

Por fim, o § 2º do focado art. 82 alude ao lançamento da contribuição de melhoria, anotando o que dele deve constar. Em princípio, eis aí disposição redundante, pois os elementos nela referidos integram necessariamente qualquer lançamento tributário (conforme prescreve o art. 142 do CTN) salvantes, *in casu*, os que hajam propiciado o cálculo do tributo, entre outros, o valor venal do imóvel antes da obra e o percentual da valorização do imóvel ou da área de sua localização. Salta à vista pretender tal norma que todos os detalhes da quantificação sejam levados aos contribuintes, de modo a não deixar dúvida quanto à sua legitimidade e correção, para o que concorrerão, sobremaneira, a transparência e a simplicidade de seus cálculos. Com isso não se está fazendo vista grossa à complexidade em torno da contribuição de melhoria, a qual, decerto, restará minimizada se e quando as administrações públicas partirem para, conforme a lei, trabalhar buscando a clareza e a simplificação do lançamento e da cobrança do tributo.

Obra pública, melhoria/valorização e contribuição

O que se expendeu nos dois itens anteriores deste capítulo permite demarcar a contribuição de melhoria como a espécie tributária cuja exigência se vincula a uma obra pública, construída no interesse da coletividade e propiciadora de uma indireta e especial vantagem ao particular, consistente na valorização adicionada ao seu imóvel. Ou, no dizer do prof. Zelmo Denari (1990:64), "trata-se de imposição legal que depende de uma atuação estatal, indiretamente relacionada com o obrigado".

Em outros termos: é de ciência certa que, na contribuição de melhoria, a atuação estatal refere-se indiretamente ao contribuinte, porquanto a valorização do imóvel é decorrente de obra pública realizada pelo poder público e diretamente relacionada à coletividade.

Como se vê, os três componentes nomeados no título do presente item são capitais para a conceituação do tributo contribuição de melhoria e, por isso, reclamam mais detidas reflexões.

O que vem a ser "obra pública"?

No linguajar leigo, tudo o que o Estado faz é "serviço", como a construção de uma estrada, de uma ponte, de um túnel, de um viaduto, de uma escola, de um hospital ou a pavimentação de uma rua. Para o direito tributário, não são serviços, mas sim obras públicas.

Pode-se definir obra pública como a construção, reparação, edificação ou ampliação de um bem imóvel pertencente ao domínio público, acepção completamente estranha à de serviço, circunstância que permite bem divisar os campos de incidência dos tributos contribuição de melhoria (obra pública + valorização) e taxa (prestação de serviço público). É, em última análise, uma forma qualificada de atuação estatal, que agrega ao solo qualquer tipo de construção pública. Ou seja, da conclusão da obra resulta um acréscimo ao patrimônio público.

Recorrendo ao sempre precioso magistério de Celso Antônio Bandeira de Mello (1991:75):

> Serviço público e obra pública distinguem-se com grande nitidez. Basta considerar que: a) a obra é, em si mesma, um produto estático; o serviço é uma atividade algo dinâmica; b) a obra é uma coisa: o produto cristalizado de uma operação humana; o serviço é a própria operação ensejadora do desfrute; c) a fruição da obra, uma vez realizada, independe de uma prestação, é captada diretamente, salvo quando é apenas o suporte material para a prestação de um serviço; a fruição do serviço é a fruição da própria prestação, assim depende sempre integralmente dela; d) a obra, para ser executada, não presume a prévia existência de um serviço; o serviço público, normalmente, para ser prestado, pressupõe uma obra que lhe constitui o suporte material.

Aliás, com esse balizamento, nossos tribunais superiores sempre condenaram taxas instituídas em decorrência da realização de obras públicas, na certeza de que tal hipótese só pode ensejar contribuição de melhoria:

TAXA DE PAVIMENTAÇÃO ASFÁLTICA. INCONSTITUCIONALIDADE. Tributo que tem por fato gerador benefício resultante de obra pública, próprio de contribuição de melhoria, e não a utilização, pelo contribuinte, de serviço público específico e divisível, prestado ao contribuinte ou posto a sua disposição [RE nº 140.779/SP. STF, Pleno. *DJU*, 8 set. 1995].

Cobrança de taxa de pavimentação e calçamento para recuperação de custo de obra pública. Ilegalidade, porquanto a exigência fiscal tem como fato gerador hipótese concernente à contribuição de melhoria, que não permite a utilização da taxa como instrumento para recuperação do custo de obra pública [REsp nº 1.609/SP. STJ, 2ª T. *DJU*, 17 dez. 1990].

De igual sorte, os tribunais superiores sempre inadmitiram contribuição de melhoria decorrente de serviço público, por exemplo, conservação de redes de água e esgoto:

TAXA DE CONSERVAÇÃO DAS REDES DE ÁGUA E ESGOTO. DISTINÇÃO ENTRE OBRA PÚBLICA E SERVIÇO PÚBLICO. A obra pública, sendo execução material de um projeto, é limitada no tempo, enquanto o serviço público tem caráter de continuidade. A obra pública agrega um valor aos imóveis por ela beneficiados; os serviços públicos, conquanto os beneficiem, não produzem uma integração de valor. Conservação de redes de água e esgoto é serviço público, e não obra pública. Por ela, pode o município cobrar taxa (e não contribuição de melhoria), desde que, por lei, seja definido o fato gerador, fixadas a alíquota e a base de cálculo [RE nº 115.561/SP. STF, 2ª T. *DJU*, 22 abr. 1988].

Vem a talho o registro de que o DL nº 195/1967, no art. 2º, enumera as obras públicas que, tendo implicado valorização de imóveis de propriedade privada, podem ensejar a instituição e cobrança de contribuição de melhoria. Quanto à contribuição de melhoria incidir apenas sobre bens imóveis do domínio privado, ver item "Incidência apenas sobre imóveis do domínio privado", adiante.

Com certeza, sobredita disposição legal merece reflexões, sendo a primeira no sentido de que nem todas as obras públicas justificam a incidência de contribuição, exigindo-se, para tanto, que tenham caráter de permanência, só assim propiciadoras de efetiva e definitiva valorização à propriedade imobiliária, conforme bem salientado na obra do prof. Bilac Pinto (2009:282).

Num segundo pensar, e com vistas ao supra-aludido rol constante do art. 2º do DL nº 195/1967, é induvidosa a desnecessidade de norma infraconstitucional elencar as obras públicas suscetíveis de enquadramento no tipo gerador de contribuição de melhoria, máxime porque a Lei Maior assim não reza (como o faz, por exemplo, no tocante aos serviços sujeitos ao ISS, no art. 156, III). Se desse modo agiu o decreto-lei, a única e válida compreensão aponta no sentido do caráter exemplificativo de tal enumeração, *meramente didática* e com *função aclaradora*, como o afirma o prof. Valdir de Oliveira Rocha (1993:384).

É curial que a definição constitucional de competência tributária não admite alterações ou restrições pela legislação inferior, haja vista a rigidez que a informa. Desse modo, se a Lei Maior confere às pessoas políticas brasileiras o poder para instituir contribuição de melhoria, salta à vista a impropriedade de norma infraconstitucional reduzir tais obras a um rol *numerus clausus*, na medida em que ou deixa de enumerar algumas e/ou, pior, inclui o que não seja obra (cf. o inciso IV do art. 2º do DL nº 195/1967, que alinha *"serviços"* [?] e *"obras de abastecimento de água potável"*). Além do mais, avulta aí clara afronta à autonomia municipal, porquanto sua competência tributária ficaria ao alvedrio do Congresso Nacional, que poderia elastecer ou diminuir o rol das obras públicas passíveis de inserção no fato gerador de contribuição de melhoria, com isso implicando possíveis prejuízos para os cofres dos entes políticos.

Ainda sobre as obras públicas a se envolverem na tributação via contribuição de melhoria, há quem defenda limitarem-se àquelas "que se destinam à satisfação de interesses primários da sociedade, na medida em que se materializem através de obras de construção, reforma ou ampliação de bens de uso comum do povo" (Marques, 2005:121).

Divergimos do ilustrado autor, com adminículo nas alegações linhas atrás expostas, máxime a pertinente à ausência de disposição constitucional em tal sentido. Como visto, nossa Carta menciona "obras públicas", sem qualquer restrição, *est quod* resulta inadmissível que comando inferior o faça, menos ainda o intérprete ou aplicador do direito. Se a obra pública, qualquer que seja, implica valorização especial, caracterizada avulta a materialização do fato jurígeno da contribuição de melhoria.

Deveras, toda obra pública enseja um benefício geral para a coletividade como um todo e um específico para as propriedades localizadas em suas redondezas: aquele é remunerado pelos impostos, e este, por contribuição de melhoria (valorização). Nessa razão, falta lógica (além de base legal) em não se prestar a construção de escolas, hospitais, teatros (entre outras) para fundar a instituição do tributo entelado, desde que, obviamente, haja valorização para as propriedades limítrofes.

Diverso não é o entender do prof. Roque Antônio Carrazza (2004:507) quando observa:

> Qualquer obra pública que provoca valorização imobiliária autoriza a tributação por meio de contribuição de melhoria; isto é, tanto as que causam proveito imediato (estradas, parques) como as que integram serviços gerais (centrais de energia, hospitais).

Não bastasse isso, vigorosa é a afirmativa de que a contribuição de melhoria constitui eficaz mecanismo para minimizar os efeitos da especulação imobiliária, decorrente do furtivo conhecimento de que se vai realizar certa obra pública, em determinada região do território municipal ou estadual. Algumas pessoas (tão inescrupulosas, quanto "bem informadas"), então, adquirem vasta área baldia e agreste, para depois vendê-la com a milionária valorização decursiva da obra pública realizada. Nada importa se tais construções ou reformas se deram, ou não, em bens de uso comum do povo, preponderantemente, ou não. Releva, sim, ter havido gasto público para sua realização, imprimindo valorização específica para determinados imóveis, cujos proprietários devem justificar esse ganho mediante o pagamento do tributo sob foco. Sua instituição, de consequência, exsurgiria valorosa para a coletividade como um todo, eis que inviabilizaria os fabulosos e indevidos ganhos dos especuladores imobiliários.

Qual o significado de "melhoria", elemento basilar do tributo sob crivo?

Já ficou assentado que obra pública é o resultado de uma atuação estatal tendente à consecução de interesses públicos (e não de interesses privados). Todavia, pode ela afetar imóveis de particulares, imprimindo-lhes um efeito reflexo correspondente a um benefício especial: aumento de valor.

É certo que o acréscimo no valor de um imóvel pode decorrer de fatores que lhe são internos (transformação por obra realizada por seu proprietário) ou exteriores (origem em obra pública, por exemplo). E mais: benfeitorias feitas pelo dono do imóvel implicam transformação do bem (para melhor); agora, é diferente quando se tem mais-valia imobiliária havida por obra pública, em razão de os melhoramentos decorrentes desta não se incorporarem aos imóveis de particulares, mas apenas a decursiva valorização.

Induvidoso que a valorização aqui tratada manifesta-se frente ao incremento no valor de um bem imóvel. Os fatores causadores são diversos: aumento na demanda, incremento de investimentos no setor, benfeitorias realizadas, desenvolvimento industrial e comercial do local onde está situado o imóvel, expansão do perímetro urbano, entre outros. Porém, o que importa à contribuição de melhoria é a obra pública implicar mais-valia à propriedade imóvel.

Urge anotar que a valorização geratriz do dever de pagar contribuição de melhoria é de ser definitiva e de efeito imediato. Explique-se. A mais-valia decursiva da obra pública deve aderir ao imóvel particular de modo terminante, jamais provisoriamente, como pode ocorrer no caso da construção de temporárias instalações a serem utilizadas em determinado evento esportivo ou comercial, dada sua interina existência.

Por outro lado, a despeito de, muitas vezes, ocorrer em etapas na proporção do andar da obra, a valorização dos imóveis deve verificar-se assim que terminada a construção, ou, em outros termos, implicar instantâneas modificações nas condições de conforto, de melhor uso e de aproveitamento dos imóveis lindeiros, de forma a configurar-se a imprescindível relação de causa e efeito entre uma e outra (obra e valorização). Nessa linha, o prof. Rubens Miranda de Carvalho (1999:81) assevera que "deve haver uma contemporaneidade entre a valorização do imóvel e a obra pública, que àquela deve anteceder".

O até aqui expendido obriga à conclusão de que, caso da obra decorra desvalorização, o poder público não pode exigir contribuição de melhoria e obriga-se a indenizar o proprietário a cujo imóvel a obra pública causou "pioria". E basta para consolidar este remate o preceito do art. 37, § 6º, da CF/1988, consagrador da responsabilidade objetiva das pessoas jurídicas de direito público, "pelos danos que seus agentes, nessa qualidade, causarem a terceiros". Aliás, é exatamente este dever que atribui plena legitimidade ao tributo em causa, pois, se, em havendo perda de valor do imóvel, o Estado deve indenizar o administrado, ressai justíssimo que exija contribuição de melhoria quando a obra pública ensejar benefício específico (valorização) para uns poucos.

Pois bem. Essas reflexões induzem a que o termo "melhoria" (integrante do título do tributo) é o benefício especial auferido pelos proprietários dos imóveis adjacentes, equivalente à "valorização" dos mesmos, estremando-se do benefício geral ("melhoramento público") a que, em sua essência, toda obra pública visa. Daí, a mais-valia decorrente da obra (para os imóveis circundantes) encerra a melhoria, condição *sine qua non* ao surgimento da obrigação de pagar-se a contribuição em tela, cuja designação até poderia ser "contribuição de valorização".

Definitivo endosso do expresso no parágrafo anterior vê-se em decisões como a que se segue, nas quais o STF afasta a incidência de contribuição de melhoria relativamente a recapeamento de rodovia:

> Contribuição de melhoria. Hipótese de recapeamento de via pública já asfaltada: simples serviço de manutenção e conservação que não acarreta valorização do imóvel, não rendendo ensejo à imposição desse tributo [RE nº 115.863/SP. STF, 2ª T. *DJU*, 8 maio 1992].

O que vem a ser "contribuição"?

"Contribuição é o tributo vinculado, cuja hipótese de incidência consiste numa atuação estatal indireta e mediatamente (mediante uma circunstância intermediária) referida ao obrigado", eis a precisa definição do prof. Geraldo Ataliba (2002:152), que constitui o ponto de partida de qualquer estudo sobre essa espécie tributária.

Em verdade, as duas características básicas das contribuições, a saber, referir-se a um grupo determinado de pessoas e decorrer da concreção de benefício especial para o contribuinte, encontram-se na "de melhoria". Nesta se exige uma atuação estatal (obra pública) referida de forma direta a toda coletividade e indireta aos proprietários de imóveis valorizados e, além disso, deflagradora do efeito reflexo "valorização" (mediatismo).

Aliás, vale o registro no sentido de que o prof. Geraldo Ataliba (2002:182) afirma que "nenhum tributo até agora designado contribuição, no Brasil – salvo a de melhoria –, é contribuição verdadeira, no rigoroso significado do conceito".

Fato gerador, base de cálculo e alíquota da contribuição de melhoria

O *fato gerador* da contribuição de melhoria é a construção de obra pública que acarrete valorização imobiliária ao patrimônio do particular, conforme já dito e redito neste trabalho. Dessarte, existem três elementos ínsitos à hipótese de incidência desse tributo:

1) a realização de obra pública (ver item "Momento da cobrança", adiante);
2) a valorização, pois apenas a obra não é suficiente, já que existem obras públicas que em lugar de valorizar, acabam mesmo por acarretar a desvalorização do imóvel (ver item "Obra pública, melhoria/valorização e contribuição", *supra*);
3) a valorização ocorra sobre bens imóveis privados (sobre a incidência apenas quanto a estes, ver item "Incidência apenas sobre imóveis do domínio privado").

Encontram-se decisões desafinadas e discrepantes disso em tribunais estaduais, todas reformadas nos superiores. Veja-se, por curiosidade:

O fato gerador da Contribuição de Melhoria é a realização de obra pública da qual decorram serventias e benefícios a seus imóveis adjacentes, e não propriamente a valorização destes no mercado imobiliário [AC nº 70.021.832.274. TJRS, 2ª C. Cív. Julg. 23 abr. 2008].

A base de cálculo do tributo presta-se, sem dúvida, à quantificação do fato gerador. Em sede de contribuição de melhoria, subsiste polêmica em torno de sua base de cálculo. Numa visão geral, conforme a teoria adotada, a base de cálculo é o *quantum* da valorização que o imóvel experimentar por conta da obra pública, se for adotada a teoria inglesa, ou a parcela do valor do custo da obra atribuível a cada imóvel, se acolhida for a teoria alemã (ver item "Tipos jurídicos", adiante).

Sacha Calmon Navarro Coêlho (2007:618) crê ser o custo da obra a base de cálculo da contribuição de melhoria, depois de alinhar a original tese de que "a base de cálculo geral é o custo da obra, e a individual varia segundo a vantagem de cada qual", ou, como melhor explica, "a obrigação do pagamento tem como limite, para todos, o valor total da obra, dividido 'pro rata' entre os pagantes. Para cada proprietário o limite é o acréscimo de valor incorporado ao imóvel".

É verdade, à vista de nossa contribuição de melhoria quadrar-se no modelo misto (sobre isso, ver item "Tipos jurídicos", adiante), que sua base de cálculo envolve o limite total do custo da obra, sempre observando a valorização proporcional individual e particular de cada imóvel, auferida pelo contribuinte, em razão da obra pública. Isso, no geral, iguala-se ao perfilhado pelo prof. Sacha Calmon (cf. resumo posto no parágrafo anterior). Todavia, parece claro que o núcleo da base de cálculo é o benefício real (valorização) que a obra gerar ao bem imóvel, alcançando-se o *quantum* a pagar mediante a aplicação de um percentual (alíquota definida em lei) sobre a mencionada mais-valia imobiliária. A base de cálculo, então, corresponde ao montante da valorização, e não o custo da obra, porquanto este funciona apenas como mero limite do cobrável pelo poder público.

Aliás, o art. 3º do DL nº 195/1967 não deixa dúvida quanto à base de cálculo da contribuição de melhoria ser o *quantum* da valorização experimentada pelo imóvel (por conta da obra pública realizada em suas imediações), o que é secundado pelo § 1º do art. 82 do CTN.

O discurso do STF e do STJ não discrepa disso:

> Esta Corte consolidou o entendimento no sentido de que a contribuição de melhoria incide sobre o quantum da valorização imobiliária [AgRg nº AI nº 694.836/SP. STF, 2a T. *DJU*, 7 dez. 2009].

> É uníssono o entendimento jurisprudencial neste Superior Tribunal de que a base de cálculo da contribuição de melhoria é a efetiva valorização imobiliária [REsp nº 1.076.948/RS. STJ, 1ª T. Julg. 4 nov. 2010].

A *alíquota* é o percentual daquele *quantum* (base de cálculo), que pode variar, jamais assumindo feição confiscatória.

Apontam-se dois pontos de vista acerca do cálculo do *quantum debeatur* da contribuição de melhoria: (1) não há nem base de cálculo, nem alíquota, pois nela se aplica critério quantitativo simplificado, apurável mediante a diferença entre o valor do imóvel antes e depois da obra pública; (2) não há alíquota aplicável, isto é, a legislação não estabelece percentuais aplicáveis sobre determinada base, mesmo porque se quantifica o tributo considerando cifras (custo da obra e valorização experimentada).

A impropriedade de tais ideias sobressai diante do fato de seu fundamento maior repousar no asserto de que a lei instituidora da contribuição de melhoria deve fixar o valor a pagar sempre no máximo do limite individual, ou seja, sempre estará o contribuinte obrigado a recolher montante que corresponda ao integral acréscimo patrimonial obtido. E a isso escapa verdade, em razão de aí se ter mero "limite", que outra coisa não é senão demarcação, fronteira (máximo exigível), haja vista, como defendido no item "Princípios da isonomia e da capacidade contributiva", *infra*, que o princípio da capacidade contributiva impõe ao legislador graduar tal limitação individual (que pode chegar a zero = isenção) sempre que a exação pudesse alcançar pessoas ou regiões caracterizadas por mínima ou nenhuma condição de suportar o ônus do tributo. Nessa linha de ideias, ressalta de mais clara logicidade jurídica o pensar de que base de cálculo da contribuição é o montante da mais-valia auferida e a alíquota, a parcela desta que o sujeito passivo obriga-se a recolher aos cofres públicos a título do gravame (definida na lei).

Valdir de Oliveira Rocha (1993:383) defende o cabimento do critério exposto no parágrafo anterior apenas no caso de o legislador optar pela modalidade de determinação do tributo "por quantificação". Já acerca dos outros dois métodos de apuração do montante da contribuição de melhoria, esse renomado mestre defende a possibilidade de aplicação do realizável "por fixação" (quando a lei estabelece *quantum* fixo) tão só quando o nível de valorização imobiliária tenha sido igual para todos os contribuintes (situação improvável), e, tocante ao critério "por avaliação" (quando não há cálculo aritmético, mas sim arbitramento da valorização ocorrida), somente "quando o ente tributante, à sua discrição, cobra-a [a mais-valia imobiliária] na sua totalidade".

Incidência apenas sobre imóveis do domínio privado

Registre-se, de saída, que as imunidades tributárias não aproveitam à contribuição de melhoria, pois nossa Lei Maior as dirige (art. 150, VI) às pessoas e partidos políticos, às entidades sindicais dos trabalhadores, às instituições religiosas, de assistência social e de educação, aos livros, jornais e periódicos, apenas com relação aos impostos (não mencionando taxas e contribuições). E assim também pensa o Pretório Excelso:

> A imunidade do art. 19, III, da CF/67 (CF/88, art. 150, VI) diz respeito apenas a impostos. A contribuição é espécie tributária distinta, que não se confunde com o imposto [RE nº 129.930/SP. STF, 2ª T. *DJU*, 16 ago. 1991].

Não há que se falar, assim, em imunidade aplicável à contribuição de melhoria.

Em que pese alguns autores não o acatarem (por não referido na Constituição), um primeiro argumento favorável à impossibilidade da exigência de contribuição de melhoria referente a imóveis do domínio público acha-se bem descrito no acórdão encetado pela seguinte ementa:

> É inviável o lançamento contra a Fazenda Pública, porque a obra pública nenhuma vantagem traz ao seu patrimônio, por se

tratar de coisa, em tese, fora do comércio. Assim não resultando para o Estado qualquer benefício patrimonial, com a realização da obra pública, nulo é o lançamento de contribuição de melhoria [AC nº 530.429-4. 1º TAC/SP, 3ª C. Julg. 26 abr. 1994].

No âmbito doutrinário, o prof. Bernardo Ribeiro de Moraes (1984:316) secunda a sobredita diretriz, asserindo que

> a ideia de se exigir a contribuição de melhoria apenas quando se trata de propriedade particular, excluídos os casos em que o imóvel beneficiado seja de propriedade do Poder Público, pode ser fundamentada nas seguintes razões:
> a) os bens de uso comum do povo, como as ruas e logradouros públicos não têm valor, porque não são permutáveis, não podendo haver, portanto, em relação a eles, incremento de valor;
> b) a aquisição ou venda de qualquer imóvel para ou pelo Poder Público não se faz com o objetivo de lucro.

Afinam-se as sobreditas diretrizes jurisprudencial e doutrinária com o constante do art. 2º, do DL nº 195/1967, *verbis*:

> Art. 2º. Será devida a Contribuição de Melhoria, no caso de valorização de imóveis de propriedade privada, em virtude de qualquer das seguintes obras públicas: [...]

E isso é reiterado no § 3º do art. 3º do mesmo diploma legal, *verbis*:

> § 3º. A Contribuição de Melhoria será cobrada dos proprietários de imóveis do domínio privado, situados nas áreas direta e indiretamente beneficiadas pela obra.

Há quem defenda aí se apresentar norma de isenção tributária heterônoma, não mais vigente, pois conferida por norma de lei complementar federal, "em uma época em que a Constituição permitia que a União decretasse a isenção de tributos locais", hoje totalmente vedada, por força do art. 151, III, da Carta da República em vigor (Carvalho, 1999:85).

A *quaestio* reclama outra ótica. Na certeza de que o DL nº 195/1967 guarda *status* de lei complementar (cf. item "O Decreto-Lei nº 195/1967", *supra*), prestando-se a estabelecer normas gerais em matéria de legislação tributária (*ex vi* do art. 146, III, da CF/1988), seus dispositivos nada mais empreendem do que definir os elementos corporificadores da contribuição de melhoria, fixando, quanto ao fato gerador, a incidência apenas sobre *imóveis de propriedade privada* (art. 2º) e, consequentemente, quanto aos contribuintes, sobre os *proprietários* de tais bens (art. 3º, § 3º). Apoia esse entendimento o prof. Alfredo Augusto Becker (1972:351), para quem "a contribuição de melhoria é tributo cuja base de cálculo (núcleo da hipótese de incidência consiste [...] na mais-valia da coisa privada (bem imóvel)".

Significa, então, que o DL nº 195/1967 não estabelece norma de isenção alguma, mas tão somente fixa a área de incidência do tributo sob exame (propriedade imobiliária particular), com absoluta exclusão dos pertencentes às pessoas políticas, regramento que se harmoniza plenamente com o sistema do federalismo fiscal. Ademais, amolda-se a hipótese em referência a uma não incidência tributária em sentido estrito, na medida em que configura limitação fiscal decorrente da não definição do fato gerador, por motivo teleológico (justiça ou conveniência), e, ao reverso da isenção tributária, com eficácia declaratória e passível de revogação sem efeito restaurador da incidência.

E essa é a trilha seguida iterativamente pelo Tribunal de Justiça de São Paulo:

> Não é devida contribuição de melhoria no caso de valorização de bens públicos, pertencentes a entidade autárquica, em decorrência de execução de obra-pública, por inteligência do artigo 2º do Decreto-lei 195/67 [AC nº 0146567-30.2005.8.26.0000. TJSP, 1ª C. Dir. Públ. Julg. 1 set. 2011].

Sujeição ativa e passiva (contribuinte e responsável)

Sujeitos ativos

Sujeitos ativos de contribuição de melhoria são os entes políticos competentes para instituí-la, a saber: União, estados, Distrito Federal e municípios. Tem isso arrimo na Constituição (art. 145, III), no CTN (art. 81) e no DL nº 195/1967 (art. 3º), sendo que estes dois últimos autorizam concluir que só pode exigir contribuição de melhoria quem é competente administrativamente para efetuar a obra que constitui seu fato gerador.

Conflito de competência poderia surgir se a obra fosse realizada, em conjunto, por mais de uma pessoa jurídica pública, o qual, com certeza, teria solução mediante a repartição da receita tributária oriunda da arrecadação do tributo, configurando-se mais justa a feita proporcionalmente aos valores investidos na obra pelos entes da administração pública envolvidos, conforme convênio celebrado para realização da mesma. A operacionalização da cobrança e a arrecadação das receitas poderiam ficar a cargo de uma das fazendas públicas competentes, notadamente a que tiver melhores condições de efetivamente exigir dos contribuintes, dada a proximidade e os recursos disponíveis, e, então, à medida que fossem sendo arrecadados os valores, seriam eles repassados aos demais sujeitos ativos.

Em suma, a competência tributária para exigir contribuição de melhoria pressupõe o efetivo exercício da competência legislativa para instituir tributos e a competência administrativa para realizar obras públicas.

Vista de outro ponto, a *quaestio* exige consideração tocante a obra pública executada por concessionária de serviço público.

Anote-se, de logo, a existência de dois modelos de concessão, previstos na Lei nº 8.987/1995: (1) de serviços públicos simples, em que se transfere a execução de atividade de interesse da coletividade, com cobrança de tarifa; (2) de serviço público precedido de obra pública, em que é acertada a construção de certa obra pública, por conta e risco da concessionária, que, por determinado tempo, procede à cobrança de tarifa, como forma de reaver o dispêndio efetivado.

Tão só na segunda modalidade surge a dúvida quanto à possibilidade de instituição de contribuição de melhoria em função da mais-valia imobiliária gerada pela obra executada pela empresa concessionária (eis que, no primeiro tipo, não há obra alguma).

Considerando que referida obra pública, embora custeada inicialmente pela empresa concessionária, é financiada pela coletividade mediante o pagamento de tarifa, de forma similar ao que ocorre em obra feita diretamente pelo poder público com recursos provenientes da população em geral, só que originários da receita de impostos, e que, assim, num e noutro caso, toda a coletividade participa dos dispêndios para efetivação da obra pública, é forçoso concluir que se identificam as razões justificadoras da contribuição de melhoria nas duas situações, desde que se comprove a ocorrência de valorização dos imóveis próximos à mesma e que a instituição e cobrança do tributo se façam pelo ente político concedente.

Em vista desta última afirmação, vale a referência a um julgado do STF que abjurou a possibilidade de cobrança, por empresa concessionária, de contribuição de melhoria (travestida de "taxa"), mediante duplicata. Veja-se a respectiva ementa:

> Contribuição de Melhoria. Fato gerador. Asfaltamento de via pública. – Tratando-se de contribuição de melhoria, pois o fato gerador é a valorização do imóvel particular, em razão do asfaltamento da via pública, não é legitima a cobrança a título de taxa, aliás esta mesma desvirtuada por ser imposta por empresa privada, ainda que concessionária de serviço público, e mediante duplicata de serviço. Recurso Extraordinário conhecido e provido [RE nº 98.841/SP. STF, 1ª T. *DJU*, 5 ago. 1983].

Sujeito passivo

Sujeito passivo direto da obrigação tributária (contribuinte) é o proprietário de imóvel de domínio privado valorizado por obra pública (quanto à não incidência sobre imóveis públicos, ver item "Incidência apenas sobre imóveis do domínio privado", *supra*), conforme a definição do art. 3º, § 3º, do DL nº 195/1967, rezando o art. 8º desse diploma legal ser "o proprietário do imóvel ao tempo do seu lançamento", disposição legal esta que será focalizada linhas à frente.

Significa, então, que, se o imóvel localizado está na zona de influência da obra e, em face desta, aumentou de valor, seu proprietário é o sujeito passivo da contribuição da melhoria. Agora, à semelhança do que se dá no IPTU, é de entender-se a expressão "proprietário do imóvel" em sentido lato, para nela se incluir, além do proprietário pleno, o posseiro (*animus dominis*, ou seja, com a finalidade de aquisição da propriedade do imóvel, inclusive *ad usucapionem*), o fiduciário (detentor da propriedade, embora sob condição resolutória), o enfiteuta (titular do domínio útil), o usufrutuário (titular dos direitos de usar, de administrar e fruir do bem), o promitente comprador (imitido na posse), os titulares de direito de ocupação dos terrenos de marinha.

E no caso de o imóvel valorizado estar sob regime de direito de superfície, quem é o sujeito passivo da contribuição de melhoria?

O direito de superfície, conforme o art. 1.369 do Código Civil, oneroso ou gratuito, temporário ou perpétuo, formalizado mediante escritura pública, envolve o direito de plantar e construir em terreno alheio, com o que se materializa a propriedade do solo (pelo fundieiro) e das plantações e construções feitas (pelo superficiário). Por outro lado, como o art. 1.371 do Código Civil estatui que "o superficiário responderá pelos encargos e tributos que incidirem sobre o imóvel", a primeira conclusão é que, em havendo valorização decorrente de obra pública, a cobrança da contribuição de melhoria deverá recair sobre o superficiário, como contribuinte.

Altamente discutível é o sobredito remate, antes porque sua fundamentação não repousa em norma própria do direito tributário, em que inexiste regramento algum sobre o direito de superfície. Depois, porque, se a valorização alcançou todo o imóvel, ou seja, o terreno e as construções, cujos titulares são diversos (fundieiro e superficiário), ambos devem suportar proporcionalmente o encargo decorrente do tributo incidente sobre a valorização havida, na medida em que ambos enriqueceram (sem dar causa). No mínimo, colocam-se eles em nível de solidariedade (cf. art. 124, I, do CTN).

E faz crer que a Lei nº 10.257/2001, no art. 21, tendeu para a sobredita conclusão, ao firmar:

> § 3º. O superficiário responderá integralmente pelos encargos e tributos que incidirem sobre a propriedade superficiária, arcando, ainda, proporcionalmente à sua parcela de ocupação efetiva, com os encargos e tributos sobre a área objeto da concessão do direito de superfície, salvo disposição em contrário do contrato respectivo.

Responsabilidade tributária

No tocante à responsabilidade tributária (sujeição passiva indireta), vale analisar, de primeiro, o seguinte julgado:

> Consoante estabelece o *caput* do art. 130/CTN, sem qualquer distinção, o adquirente do imóvel sub-roga-se nos créditos fiscais cujo fato gerador é a propriedade, o domínio útil ou a posse do bem, assim como as taxas e contribuição de melhoria, podendo o sucessor ressarcir-se desses ônus, conforme previsto no contrato de compra e venda ou mediante acordo com o sucedido [REsp nº 192.501/PR. STJ, 2ª T. *DJU*, 18 fev. 2002].

O dispositivo mencionado na ementa *supra* atribui ao adquirente do imóvel a responsabilidade pelo pagamento de contribuição de melhoria devida pelo alienante, salvo se, do respectivo título, constar a apresentação de certidão negativa do tributo. Quanto a isso, tem-se firme posição jurisprudencial:

Contribuição de melhoria. – Alienação do imóvel. – Obrigação *propter rem*. O adquirente do bem se sub-roga na condição de devedor, salvo se constar do título a prova de sua quitação (art. 130 do CTN). – Apresentação de certidão negativa de débito no ato da aquisição do imóvel. – O débito apurado posteriormente não poderá ser cobrado do adquirente [AI nº 99.765.583-7. TJPR, 2ª C. Cív. *DJPR*, 31 ago. 2011].

Não obstante, se a aquisição se der por via de arrematação em hasta pública, isto é, em público pregão, o sucessor responde pelos débitos anteriores relativos ao imóvel apenas até o preço por que for o imóvel arrematado, como bem elucida o STJ:

O crédito fiscal perquirido pelo Fisco deve ser abatido do pagamento, quando do leilão, por isso que, finda a arrematação, não se pode imputar ao adquirente qualquer encargo ou responsabilidade tributária. Precedentes: (REsp 716438/PR, 1ª TURMA, julgado em 09/12/2008, DJe 17/12/2008; REsp 707.605/SP, 2ª Turma, DJ de 22 de março de 2006; REsp 283.251/AC, 1ª Turma, DJ de 05 de novembro de 2001; REsp 166.975/SP, 4ª Turma, DJ de 04 de outubro der 1.999). – Os débitos tributários pendentes sobre o imóvel arrematado, na dicção do art. 130, parágrafo único, do CTN, fazem persistir a obrigação do executado perante o Fisco, posto impossível a transferência do encargo para o arrematante, ante a inexistência de vínculo jurídico com os fatos jurídicos tributários específicos, ou com o sujeito tributário. – Assim, é que a arrematação em hasta pública tem o efeito de expurgar qualquer ônus obrigacional sobre o imóvel para o arrematante, transferindo-o livremente de qualquer encargo ou responsabilidade tributária [AgRg nº Ag nº 1.246.665/SP. STJ, 1ª T. *DJU*, 22 abr. 2010].

Tem préstimo a advertência de que, no caso de o edital do leilão rezar que tributos vencidos ou vincendos, referentes ao imóvel a ser leiloado, serão de responsabilidade única do arrematante, o STJ acolheu a tese de que, se este participou da hasta pública, aceitou as condições lá expressas, "renunciando tacitamente ao disposto no parágrafo único do art. 130 do CTN". Eis a ementa de um acórdão em tal sentido:

> Execução Fiscal. IPTU. Arrematação. Edital do leilão que prevê a responsabilidade do arrematante por dívidas tributárias. Observância. Inexistência de violação ao art. 130 do CTN. Recurso especial improvido [REsp nº 716.438/PR. STJ, 1ª T. *DJU*, 17 dez. 2008].

Pois bem. A sistemática tributária leva a que o contribuinte do tributo seja o proprietário do imóvel valorizado (segundo os moldes retroabordados) no momento da ocorrência do respectivo fato gerador (art. 121, parágrafo único, I, e art. 144, ambos do CTN). Dessarte, o art. 8º do DL nº 195/1967 trata do responsável (sujeito passivo indireto), ao dispor que recai sobre o proprietário do imóvel "ao tempo do seu lançamento" a obrigação quanto ao pagamento da contribuição de melhoria, por óbvio na hipótese de já ter havido a transferência de propriedade do bem após a ocorrência do fato gerador (obra pública concluída e valorização comprovada). Traduzindo mediante simples exemplificação: "A", proprietário do imóvel quando, em 2005, se concluiu a obra pública, vendeu-o a "B" em 2006, tendo a Fazenda Pública procedido ao regular lançamento da contribuição de melhoria em 2007. Nesse caso, "A" é o contribuinte e "B", o responsável (a quem deve ser dirigida a respectiva cobrança).

E a sobredita diretriz ecoa no acórdão assim ementado:

Se por ocasião da aquisição do imóvel pelo demandado, a obra estava em andamento e, em tendo havido a comunicação regular pelo poder público aos contribuintes, de que procederá à arrecadação, responde pelo lançamento feito oportunamente o contribuinte em nome de quem esteja registrado o imóvel por ocasião do lançamento feito, ainda que não comunicado o fato pelo alienante. Certidão negativa de ônus expedida pela Diretoria da Fazenda Municipal, antes de lançado o débito em dívida ativa, não tem o condão de absolver o proprietário do débito instituído [AC nº 196.054.761. TARS, 2ª C. Cív. Julg. 22 ago. 1996].

Assinala, ainda, o art. 8º do DL nº 195/1967 (parte final do *caput*) transmitir-se aos adquirentes e sucessores a responsabilidade pelo pagamento do tributo, o que constitui norma comum de sub-rogação, salvante a hipótese de aquisição por via de arrematação em hasta pública, como expendido na introdução deste item.

Tipos jurídicos

Com fundamento histórico, costuma-se apontar a existência de dois tipos de contribuição de melhoria, identificáveis segundo o "critério da valorização", que leva em conta a mais-valia imobiliária provocada pela obra pública, e pelo "critério do custo", que visa a ratear o despendido na obra entre os proprietários dos imóveis beneficiados (com olvido da valorização). O primeiro assenta no objetivo de o tributo gravar a valorização do imóvel, isto é, o acréscimo patrimonial gerado em função da obra pública (modelo inglês = *betterment tax*). Já o segundo tem por fim, sem outra consideração, recuperar os gastos públicos com a obra que tenha beneficiado imóveis localizados em suas redondezas (modelo alemão = *beitrag*).

No Brasil, o Supremo Tribunal Federal e o Superior Tribunal de Justiça nunca deixaram de ver, em nossa contribuição de melhoria, exclusiva e necessária decorrência da valorização de imóveis oriunda de obras públicas, ou seja, enquadrada no critério "valorização", conclusão que apoiam no CTN, art. 81 e no DL nº 195/1967, art. 1º. Examinem-se os seguintes acórdãos:

> Contribuição de melhoria. Recapeamento de via pública já asfaltada, sem configurar a valorização do imóvel, que continua a ser requisito ínsito para a instituição do tributo [RE nº 116.148-5/SP. STF, 1ª T. *DJU*, 21 maio 1993].

> 1. Cuidam os autos de cobrança de contribuição de melhoria com base no custo da obra e não na valorização do imóvel, onde o agravante, ao argumento de que os arts. 81 e 82 do CTN e os arts. 1º e 2º do DL 195/67 teriam sido revogados por legislações supervenientes, sustenta que o legislador optara por substituir

o critério valorização pelo critério custo. 2. A jurisprudência do STJ é pacífica no sentido de que: i) os artigos 81 e 82 do CTN estão em pleno vigor; ii) a contribuição de melhoria é tributo cujo fato imponível decorre da valorização imobiliária causada pela realização de uma obra pública, cabendo ao ente público o ônus da sua comprovação a fim de justificar o tributo estipulado. Precedentes [AgRg no Ag nº 1.159.433/RS. STJ, 1ª T. *DJU*, 5 nov. 2010].

Com supedâneo em sobredita diretriz jurisprudencial, no disposto no CTN (art. 81) e no DL nº 195/1967, tem-se que o ordenamento jurídico brasileiro adotou um terceiro sistema de contribuição de melhoria (misto, heterogêneo ou mitigado), bem próximo do modelo inglês (focado na valorização), deste diferenciando-se em razão de o nosso conter um limite global, custo da obra, o qual impõe que o somatório das contribuições individuais não pode ser superior ao despendido na obra realizada. Como se reafirmará à frente, esse limite (global), bem assim o individual, inerem à contribuição de melhoria brasileira e a tornam diferente dos modelos originários europeus (em que tais limitações não figuram concomitantemente) e, sobremais, ensejam respeito aos princípios da proporcionalidade e da razoabilidade.

Limitações e limites

Proveitoso encetar esse tópico do estudo com menção ao que o prof. Bilac Pinto (1938:22-23) designou "limitações da contribuição de melhoria", em número de cinco, todas afinadas com o sistema tributário vigente, apenas cabendo o registro de que a expressão "melhoramento público" foi empregada como sinonímia de "obra pública". *Verbis*:

1ª) Só pode ser lançada para execução de um melhoramento público;
2ª) Esse melhoramento deve afetar, de maneira particular, uma área limitada e determinável;
3ª) Não pode exceder o benefício devido ao melhoramento; esse benefício se traduz no aumento de valor de terreno;
4ª) Deve dar-se ao proprietário tributado oportunidade de manifestar-se sobre a imposição, antes que seja definitivamente estabelecida;
5ª) Não pode ela exceder o custo do melhoramento; mesmo que o benefício seja maior; não se pode arrecadar mais do que o custo, sobre pretexto do benefício.

Pois bem, o cerne desta parte do estudo está nos limites específicos do tributo sob exame: global e individual.

Todos os tributos têm seus limites de quantificação e cobrança fixados na lei ordinária. Em verdade, a Constituição não fixa gabarito para nenhum deles, não significando isso que eles não existam. Os impostos esbarram no confisco, conceito geral que se manifesta por indevida apropriação, pelo Estado, do patrimônio do administrado (com invasão do mínimo necessário à vida), e se graduam "segundo a capacidade econômica dos contribuintes" (CF/1988, art. 145, § 1º). As taxas devem valorar-se em torno do custo dos serviços correspectivos. Já a contribuição de melhoria encontra seus limites naturais e legais no custo da obra pública e na valorização do imóvel afetado.

Esta a diretriz adotada nos acórdãos assim ementados:

A contribuição de melhoria tem como limite geral o custo da obra, e como limite individual a valorização do imóvel beneficiado. É ilegal a contribuição de melhoria instituída sem observância do limite individual de cada contribuinte [REsp nº 362.788/RS. STJ, 2ª T. *DJU*, 5 ago. 2002].

A contribuição de melhoria exige para sua configuração válida a obediência aos parâmetros do valor total do custo da obra pública e da valorização do imóvel beneficiado [AC nº 88.688-0. TAPR, 7ª C. Cív. *DJPR*, 6 set. 1996].

Daí provém a induvidosa conclusão de sobressair inválida a contribuição de melhoria cuja lei instituidora quantifica-a pela simples divisão do montante custo da obra (total ou parcial), pela metragem de frente dos imóveis valorizados, como têm feito muitos municípios, com a iterativa rejeição do STJ:

O TJPR consignou que o município rateou o custo total da obra entre os proprietários dos imóveis que ficavam às margens das ruas asfaltadas, sem prever no edital o limite individual do benefício trazido ao imóvel de cada contribuinte. – É pacífico no STJ o entendimento de que a valorização individualizada do imóvel do contribuinte é fator delimitador da base de cálculo da contribuição de melhoria, não sendo permitido tão somente o rateio do custo da obra entre aqueles que residem na área em que foi realizada a obra pública. Precedentes: AgRg no REsp 1.079.924/RS; REsp 671.560/RS, 615.495/RS, 362.788/RS. – No caso, como o Tribunal de origem consignou que não houve o cálculo individualizado do benefício trazido ao imóvel de cada um dos contribuintes localizados na área abrangida pela respectiva obra pública, forçoso reconhecer, então, que o acórdão recorrido viola os artigos 81 e 82 do CTN [REsp nº 1.470.094/PR. STJ, 1ª T. *DJU*, 21 mar. 2011].

Considerando que a Carta vigente nenhuma menção faz aos mencionados limites (global e individual) para cobrança de contribuição de melhoria (art. 145, III), poder-se-ia concluir pela revogação de todos os dispositivos legais que os definem; pela subsistência dos dois, face ao contido no CTN, art. 81, podendo, contudo, ser objeto de exclusão por lei complementar; ou pela manutenção apenas do limite individual, por compor a essência da espécie tributária sob foco.

Nenhuma de sobreditas teses sensibiliza. É certo que a Constituição não mencionou o limite global, porém mais certo ainda é que isso não autoriza a conclusão de sua inexistência, por força de constituir ele caráter ínsito à contribuição de melhoria e, por isso, de desnecessária referência constitucional. Aliás, se a cobrança exceder o custo da obra respectiva, ter-se-á não uma contribuição de melhoria, mas sim um imposto sobre a valorização havida, instituível apenas pela União, com base em sua competência residual (CF/1988, art. 154, I). Não bastasse o fato de vedar-se ao poder público a obtenção de lucro, em vista de as atividades que desempenha visarem tão só ao interesse coletivo, é de certeza que a característica basilar dessa espécie de tributo é a recuperação (parcial, que seja) do gasto público propiciador da valorização imobiliária e, sendo assim, não pode ultrapassar seu valor total, nem também a mais-valia auferida pelo contribuinte, pena de, nesse caso, mostrar-se verdadeiro confisco da propriedade. Deveras, contribuição cobrada em valor superior à valorização do imóvel "representaria, em *ultima ratio*, medida confiscatória praticada pelo poder público, postura que agrediria o princípio constitucional da proibição de confisco", como sublinha o prof. Carlos Roberto Marques (2005:48), mesmo porque "a contribuição não é captação de riqueza, como o imposto, mas apenas indenização de custo", conforme bem destaca o prof. Ruy Barbosa Nogueira (1986:179).

Daí, necessário o remate no sentido de subsistirem os dois limites, pelos motivos acima expostos (isto é, basicamente por serem inerentes à contribuição de melhoria), conclusão que permite divisar duas situações: (1) o somatório das valorizações ser igual (1.a) ou menor (1.b) que o custo da obra, caso em que cada contribuinte pode obrigar-se a pagar até o montante equivalente ao que auferiu de mais-valia imobiliária; (2) o somatório das valorizações ser maior que o custo da obra, hipótese em que, desconhecendo-se o limite individual (mais-valia), cada contribuinte poderá arcar com parcela do gasto na obra pelo poder público. Veja-se o quadro 3.

Quadro 3 – Demonstrativo numérico

Dados	(1.a)	(1.b)	(2)
Custo da obra	100	100	100
Imóveis valorizados	5	5	5
Valor de cada um antes da obra	20	200	180
Valor de cada um depois da obra	22	220	260
Total das valorizações	5 × 2 = 10	5 × 20 = 100	5 × 80 = 400
Valor máximo da contribuição de melhoria	2 × 5 = 10	20 × 5 = 100	(80 × 5 = 400) 20 × 5 = 100

Em (1.a) e (1.b), tendo em mira que o somatório das contribuições individuais é inferior (ou igual) ao custo da obra, inexiste problema, pois o art. 81 do CTN veda apenas a situação inversa, ou seja, que o poder público, somadas as contribuições individuais, arrecade quantia superior ao custo da obra. Nos exemplos, a cobrança tem exclusiva baliza no montante da valorização de cada imóvel.

Agora, em (2), o somatório das contribuições individuais, considerado apenas o limite individual, apresentar-se-ia superior ao custo da obra. Sendo assim, o Estado não poderia cobrar o valor de 80,00 de cada proprietário, pois se o fizesse extrapolaria o limite global, obrigando-se, daí, a promover uma redução proporcional no valor cobrado de cada contribuinte, até chegar ao limite total, que é o custo da obra (sem se cogitar que o edital fixasse, como global, limite inferior ao real, como poderia). Essa redução pode ser feita através de dois critérios:

1) *Proporcional.* Os valores devem ser reduzidos em proporção ao valor excedente; sendo este igual a 400,00 – 100,00, constata-se um excedente global de 300,00. Dividindo-se esse valor pelo número de imóveis, é possível encontrar o excedente individual de cada imóvel, 300 ÷ 5, onde 5 é o número de imóveis. Constata-se 60,00, como o excedente individual de cada imóvel, sendo que ao se subtrair o valor originalmente cobrado (80,00) do excedente, obtém-se o valor que realmente pode ser cobrado, ou seja, 80,00 – 60,00 = 20,00 (valor máximo a ser cobrado de cada imóvel).
2) *Simplificação.* Se 100,00 é o limite global (custo da obra), basta dividir esse valor por 5 (número de imóveis), para se obter 20,00. Todavia, deve-se observar que essa forma

de cálculo existe apenas para simplificar as contas, não querendo dizer que, quando o somatório das contribuições individuais excede o custo da obra, basta considerar este último, porquanto a obrigação tributária do sujeito passivo existe em virtude da valorização. Aliás, na hipótese ventilada, o contribuinte irá pagar uma parcela menor do que a efetiva valorização de seu imóvel.

Urge, para fechar este item, que se gizem duas observações de grande importância.

A primeira: o DL nº 195/1967, no art. 12, fixa um limite máximo para cobrança anual de contribuição de melhoria: "3% (três por cento) do maior valor fiscal do seu imóvel, atualizado à época da cobrança", valor esse que deve corresponder ao que serviu de base de cálculo para o IPTU. E o Pretório Excelso vê a sobredita disposição como norma geral vigente e eficaz:

> Contribuição de Melhoria. Inobservância, no caso, do art. 12, do citado Decreto-lei 195/67, que fixa limite máximo para a cobrança do tributo, com força de norma geral de direito tributário. Provido o recurso para que a cobrança da contribuição de melhoria não exceda ao limite previsto em dito artigo (parcela anual não superior a 3% do maior valor fiscal do imóvel) [RE nº 92.186/PR. STF, 2ª T. *DJU*, 30 maio 1980].

A segunda: assentou-se nesta parte do trabalho que a lei impõe limites à quantificação da contribuição de melhoria, ou seja, demarcação máxima, sem qualquer insinuação no sentido de que o edital se incline pelo índice superior. E há situações mesmo em que exsurge não judicioso, por anti-isonômico, levar-se em conta o custo total da obra como limite para sua cobrança. É o caso de obra de grande vulto e de custo altíssimo, que, por sua própria natureza, faz resultar benefício a grande parte da população (maioria mesmo), por exemplo, a construção de uma ponte, de uma usina hidrelétrica, de obras para instalação de metrô. Ora, apenas os proprietários de imóveis adjacentes a obras tais suportarem seus custos globais (ou próximos a estes) implicaria clara e subida injustiça, na medida em que o benefício geral decorrente induz a que a maioria da coletividade responda pela parcela maior do dispêndio público havido (via imposto, de regra). Judicioso, aí, se defina módica parcela do custo da obra como limite para cobrança do tributo. Aliás, há leis locais que preveem qual a parcela do custo da obra que é de prestar-se ao limite da cobrança (nunca o total gasto), mediante normas plenamente válidas.

Momento da cobrança

No tocante à possibilidade (ou não) de cobrança de contribuição de melhoria antes de concluída a respectiva obra pública, há certa desavença na doutrina e na jurisprudência. De um lado, pela negativa total:

3. "Só depois de pronta a obra e verificada a existência da valorização imobiliária que ela provocou é que se torna admissível a tributação por via de contribuição de melhoria" (CARRAZZA, Roque Antonio. "Curso de Direito Constitucional Tributário", São Paulo: Malheiros, 2006, pág. 533). 4. O lançamento da contribuição de melhoria deve ser precedido de processo específico, conforme descrito no art. 82 do Código

Tributário Nacional [REsp nº 671.560/RS. STJ, 1ª T. *DJU*, 11 jun. 2007].

Além disso, somente depois de pronta a obra pública e verificada a existência de valorização de imóveis que ela provocou é que se torna admissível a tributação por via de contribuição de melhoria [AC nº 78.455-8. TAPR, 8ª C. Cív. *DJPR*, 13 out. 1995].

De outro, pela afirmativa parcial:

Não afronta preceitos gerais de Direito Tributário a cobrança, pelo município, da contribuição de melhoria por obra pública em execução constante de projeto ainda não concluído [RN e AC nº 54.548-6. TAPR, 3ª C. Cív. *DJPR*, 12 ago. 1994].

A contribuição de melhoria só comporta lançamento após a execução da obra. Excepcionalmente poderá ser cobrada quando já concluída parcialmente e em relação aos imóveis por ela valorizados [AMS nº 5.379. TJSC, 4ª C. Cív. *DJSC*, 6 jun. 1995].

Acerca da matéria, cabe a invocação do art. 9º do DL nº 195/1967 – "executada a obra de melhoramento na sua totalidade ou em parte suficiente para beneficiar determinados imóveis" – como fundamento para adoção da segunda corrente, considerando ainda a inexistência de proibição quanto a isso na legislação complementar. Tal remate é ratificado pelo constante do parágrafo único do art. 5º desse mesmo diploma legal, que impõe a publicação do edital, mesmo nos "casos de cobrança da Contribuição de Melhoria por obras públicas em execução, constantes de projetos ainda não concluídos".

Sobre a restituição no caso de obra inacabada, ver item "Restituição no caso de obra pública inacabada", adiante.

Agora, não resta sombra de dúvida tocante à ilegalidade da cobrança de contribuição de melhoria em momento anterior ao início da obra pública, como bem ressalta o seguinte julgado do TJSP: "Impossibilidade de cobrança do tributo antes do início do empreendimento e, portanto, do fato gerador da exação" (AC nº 0173585-21.2008.8.26.0000. Julg. 24 nov. 2011), mesmo porque a exigência desse tributo não se presta para viabilizar a efetivação da obra, mas sim para repartir seu custo (total ou parcial) entre proprietários cujos imóveis auferiram mais-valia dela decorrente, como também abonado pelo TJSP: "Cobrança exigível apenas após a realização da obra, vedada a utilização do tributo como forma de captação de recursos para a sua consecução. Precedentes do STJ e deste Tribunal de Justiça" (AC nº 0151500-12.2006.8.26.0000. Julg. 18 jul. 2011).

Imputação de pagamento de contribuição de melhoria

Reza o DL nº 195/1967: "Art. 18. A dívida fiscal oriunda de Contribuição de Melhoria terá preferência sobre outras dívidas fiscais quanto ao imóvel beneficiado".

Significa então que, se o contribuinte (proprietário do imóvel alvo da mais-valia por obra pública) apresentar débitos de outros tributos relacionados a dito bem (IPTU, ITBI, taxas de serviço), o pagamento que efetue prestar-se-á, em primeiro, à satisfação da dívida de contribuição de melhoria, aplicando-se o restante às demais. Óbvio que a aplicação desse regramento pressupõe que o total pago seja inferior ao total dos débitos fiscais, cujos prazos de vencimento já se tenham esgotado, disposição que se ajusta ao contido no art. 163, II, do CTN.

Foco inicial na jurisprudência

Valorização imobiliária decorrente da obra pública: real ou presumida?

Acerca dessa matéria, o Superior Tribunal de Justiça assim se manifestou:

> 1. No agravo regimental, alega a agravante que o Tribunal de origem entendeu que o fato gerador da contribuição de melhoria é a valorização presumida do imóvel, enquanto que, na verdade, é a valorização comprovada da propriedade. 2. Com efeito, a valorização presumida do imóvel, diante da ocorrência da obra pública, é estipulada pelo Poder Público competente quando efetua o lançamento da contribuição de melhoria, podendo o contribuinte discordar desse valor presumido. 3. A valorização presumida do imóvel não é o fato gerador da contribuição de melhoria mas, tão somente, o critério de quantificação do tributo (base de cálculo), que pode ser elidido pela prova em sentido contrário da apresentada pelo contribuinte [AgRg no REsp nº 613.244/RS. STJ, 2ª T. *DJU*, 2 jun. 2008].

O fato gerador da contribuição de melhoria não é a realização da obra, mas sim a decorrente valorização imobiliária. Dessa forma, a base de cálculo para cobrança da contribuição de melhoria é a diferença entre os valores inicial e final do imóvel beneficiado. Esta Corte é uníssona no entendimento de que cabe ao ente tributante a demonstração da real valorização do bem [REsp nº 1.137.794/RS. STJ, 2ª T. *DJU*, 15 out. 2009. No mesmo sentido: AgRg no Ag nº 1.159.433/RS. STJ, 1ª T. *DJU*, 5 nov. 2010].

A *quaestio* envolve a quantificação da contribuição de melhoria, particularmente o montante da valorização imobiliária que constitui sua base de cálculo. Há certa dificuldade (não, impossibilidade!) para delimitar o fator de benefício correspondente a cada imóvel valorizado, como também a zona de influência da obra pública. Uma primeira saída para tal problemática é ter-se conhecimento da mais-valia obtida unitariamente por imóvel, em decorrência da obra, o que envolve avaliações individuais antes e depois, ou por ocasião de sua execução, com projeção dos valores encontrados após seu término, a fim de se aquilatar a valorização e determinar o *quantum* a ser exigido de cada contribuinte.

A flagrante trabalheira e complexidade de sobredita forma de determinação da contribuição de melhoria não passaram despercebidas ao legislador, tanto que incluiu, na norma legal, a possibilidade de a delimitação da área de influência da obra e dos índices de valorização dos imóveis serem, *a priori*, efetivadas pela administração, mediante o edital, concedendo-se ao contribuinte o direito de impugnação. É de ciência certa que o ponto de partida dessa empreitada deve ser o valor de cadastro de cada imóvel, ou seja, o valor venal apurado através das plantas de valores aplicadas para cálculo do IPTU. Já os percentuais de valorização decorrentes da obra realizada, a administração deve apurar por zona do município em que o imóvel se localize (considerando referidas plantas), mediante exame de casos similares passados, pesquisa de campo, recurso a laudos de corretores de imóveis e engenheiros especializados, pesquisa de informações atinentes ao ITBI (e ao ITCD), para aplicação a cada imóvel, aí não olvidando a área de cada um, sua testada, utilização econômica e outros mais utilizados pelos avaliadores em geral, como, aliás, prescreve o § 1º do art. 3º do DL nº 195/1967. O passo seguinte diz com o cálculo do rateio do custo (total ou parcial) da obra pelos imóveis valorizados, o que é de fazer-se proporcionalmente entre todos os imóveis privados incluídos nas respectivas áreas de influência, segundo determina o § 2º do art. 3º do citado decreto-lei.

Resulta óbvio que toda essa apuração chega a cifras "estimadas" (designação mais apropriada do que "presumidas"), com fulcro em concretos e regulares procedimentos administrativos, haja vista os regramentos em que se fundam não conferirem às autoridades fazendárias poderes discricionários para agirem *sponte sua*, pelo arbítrio livre, mas lhes oferecerem meios coerentes e práticos para que possam exercer a atividade quantificadora do tributo. E, sobremais, é assegurado aos contribuintes o direito de contestar, na via administrativa antes e/ou depois do lançamento (através de avaliação contraditória), sem falar na esfera judicial.

Diante disso, não há engano em afirmar-se que vigora, no caso da contribuição de melhoria, critério similar ao adotado para o IPTU e o IPVA, relativamente ao valor da base de cálculo. Eis que, tanto naquela, como nestes, o poder público, seguindo parâmetros objetivos estabelecidos em lei, define o montante que vai servir de base para a quantificação dos tributos, isto é, valor agregado a cada imóvel (em razão da obra pública) e valor de mercado do imóvel e do veículo (IPTU e IPVA). Se o contribuinte entende-os errôneos, cabe-lhe isso demonstrar, na via administrativa ou judicial, impugnando os respectivos lançamentos. Sobressai, nesse ponto, a distinção que notabiliza a contribuição de melhoria, qual seja, antes de seu lançamento, o proprietário cujo imóvel foi colocado na zona de influência da obra tem direito de contestar os elementos insertos no edital (CTN, art. 82).

Pode-se, então, dizer sem medo que a fixação da mais-valia e da zona de influência da obra pública nada tem de subjetivismo, antes adota mecanismos objetivos e válidos, tanto que utilizados rotineiramente em sede tributária, como também em outras relações de ordem pública em geral. Bem captou isso o prof. Aliomar Baleeiro (1975:331) quando afirma que, em nosso sistema, estabelece-se "a presunção '*iuris tantum*' de que a obra projetada trará incremento do valor aos imóveis situados na faixa marginal ou nas adjacências desta. Mas o legislador admite a prova em contrário, a cargo do contribuinte".

Já o prof. José Washington Coelho (1968:81) defende que (1) o aumento havido nos imóveis (valorização) "é uma presunção *jure et de jure*", depois de asseverar que (2) "nessa presunção reside a alma da contribuição de melhoria".

Revelam-se juridicamente desamparadas as duas partes desta última referência doutrinária: a um, considerando o que se explicitou linhas atrás; a dois, em razão de a essência da contribuição de melhoria jazer em seus limites legais, e não em seu modo de quantificação; e, a três, porque é voz comum inexistirem presunções absolutas no direito tributário, a termo de o prof. Ives Gandra da Silva Martins (1985:27) asseverar: "Em verdade, a presunção absoluta que levasse à imposição fiscal, contra a evidência dos fatos, estaria ferindo o princípio da estrita legalidade, que nasce da Carta Magna".

Tais ponderações autorizam concluir pela validez do entendimento consagrado na primeira ementa do introito deste tópico (AgRg no REsp nº 613.244/RS), ressaltando-se, quanto ao outro aresto (também do STJ), incumbir à Fazenda Pública a tarefa de averiguar a ocorrência da valorização do imóvel e de quantificá-la, apriorística e estimadamente, obrigando-se à prova de sua existência (e medição), unitária e individualmente, no processo administrativo ou judicial aparelhado pelo contribuinte. Em outros termos: o poder tributante não se sujeita ao encargo prévio de demonstrar a valorização dos imóveis, pois cabe "ao impugnante o ônus da prova", como bem ressalta o art. 6º do DL nº 195/1967. Agora, instaurado o litígio administrativo ou judicial relativamente ao lançamento da contribuição, impõe-se à Fazenda Pública, na contestação, produzir a necessária comprovação dos fatos e dados em que se baseou a exigência tributária, assertivas tais que se afinam com a decisão do STJ assim ementada:

O lançamento da contribuição de melhoria deve ser precedido de processo específico, conforme descrito no art. 82 do CTN. – Cabe ao Poder Público apresentar os cálculos que irão embasar a cobrança da contribuição de melhoria, concedendo, entretanto, prazo para que o contribuinte, em caso de discordância, possa impugná-los administrativamente. – Trata-se, pois, de um valor presumido, cujo cálculo está a cargo da própria Administração. – O procedimento administrativo não exclui a revisão pelo Judiciário [REsp nº 671.560/RS. STJ, 1ª T. *DJU*, 11 jun. 2007].

Em síntese, valida-se o asserto de que a prova da valorização do imóvel é ônus que incumbe à administração pública, não só por decorrência das normas de direito processual civil – já que tal exigência imputaria ao autor (contribuinte) fazer prova negativa do seu direito –, mas também porque a prova da mais-valia compõe o próprio fato gerador do tributo, conforme alhures referido, a qual, se inexistente, torna inviável a incidência do tributo.

E o seguinte excerto da ementa do acórdão proferido no REsp nº 1.076.948/RS (*DJU*, 18 nov. 2000) abona por completo sobredita conclusão:

> Deveras, o contribuinte, acaso discorde da base de cálculo indicada pela Municipalidade, tem o ônus de comprovar que o valor da valorização imobiliária é diverso, ou que a mesma não ocorreu. Não obstante, cabe ao Município, prioritariamente, demonstrá-la nos moldes legais, dando azo à eventual impugnação por parte do proprietário.

Desapropriação parcial do imóvel e valorização, por obra pública, da área remanescente

O STJ assim trata dos meios gerais de recuperação dos gastos com obra pública, no caso de sua realização ser precedida de desapropriação parcial de imóveis circunvizinhos:

> Na desapropriação, direta ou indireta, quando há valorização da área remanescente não desapropriada, em decorrência de obra ou serviço público, dispõe o Estado de três instrumentos legais para evitar que a mais-valia, decorrente da iniciativa estatal, locuplete sem justa causa o patrimônio de um ou de poucos: a

desapropriação por zona ou extensiva, a cobrança de contribuição de melhoria e o abatimento proporcional, na indenização a ser paga, da valorização trazida ao imóvel. – A valorização imobiliária decorrente da obra ou serviço público pode ser geral, quando beneficia indistintamente um grupo considerável de administrados, ou especial, que ocorre quando o benefício se restringe a um ou alguns particulares identificados ou, pelo menos, identificáveis. – A mais-valia geral subdivide-se em ordinária e extraordinária. A primeira tem lugar quando todos os imóveis lindeiros à obra pública se valorizam em proporção semelhante. A segunda, diferentemente, toma parte quando algum ou alguns imóveis se valorizam mais que outros, atingidos pela mais-valia ordinária. – Na hipótese de valorização geral ordinária, dispõe o Poder Público da contribuição de melhoria como instrumento legal apto a "diluir", entre os proprietários beneficiados com a obra, o custo de sua realização. – No caso de valorização geral extraordinária, pode o Estado valer-se da desapropriação por zona ou extensiva, prevista no art. 4º do Decreto-Lei 3.365/41. Havendo valorização exorbitante de uma área, pode o Estado incluí-la no plano de desapropriação e, com a revenda futura dos imóveis ali abrangidos, socializar o benefício a toda coletividade, evitando que apenas um ou alguns proprietários venham a ser beneficiados com a extraordinária mais-valia. – Por fim, tratando-se de valorização específica, e somente nessa hipótese, poderá o Estado abater, do valor a ser indenizado, a valorização experimentada pela área remanescente, não desapropriada, nos termos do art. 27 do Decreto-Lei 3.365/41 [REsp nº 1.092.010/SC. STJ, 2ª T. *DJU*, 15 set. 2011].

Ressalta do aresto acima ementado que, em havendo desapropriação imobiliária para construção de obra pública, e se esta implicar acréscimo de valor para a parte que subsistiu nas mãos do proprietário, apresentam-se três instrumentos legais para evitar a mais-valia sem justa causa, aplicáveis segundo o tipo de valorização havida. Ei-los, em sinopse:

Quadro 4 – Instrumentos legais para evitar a mais-valia sem justa causa

Tipo de valorização	Instrumentos legais aplicáveis
I. Geral: benefício indistinto para um grupo considerado/considerável	
a) Ordinária: valorização semelhante para todos os imóveis	a) Contribuição de melhoria
b) Extraordinária: valorização diferenciada	b) Desapropriação por zona (área com valorização exorbitante), para futura revenda, socializando o benefício (Decreto nº 3.365/1941)
II. Especial: benefício para alguns identificados/identificáveis	c) Valor da indenização: valor da valorização auferida = valor a ser pago ao proprietário (Decreto nº 3.365/1941)

Sobre o tema, cuida trazer à colação a judiciosa nota feita por Priscila Figueiredo da Cunha Rodrigues (2002:49) inadmitindo o abatimento do montante da valorização, da indenização devida:

O art. 27 (do Decreto-lei 3.365, de 1941) faculta ao juiz, ao determinar o valor da indenização, abater do quantum indenizatório a valorização proporcionada pela obra em áreas remanescentes. Entendemos que tal dispositivo não teria sido recepcionado pela Constituição Federal de 1988, uma vez que a indenização deve ser em dinheiro (art. 5º, XXIV, da CF), e não em valorização imobiliária. Para este fim – o de recuperar referida mais-valia – existe a contribuição de melhoria.

Restituição no caso de obra pública inacabada

A posição firme do Superior Tribunal de Justiça sobre a matéria é:

> Revela-se, portanto, evidente o direito de a empresa, que pagou indevidamente a contribuição de melhoria, uma vez que incontroversa a não efetivação da valorização do imóvel, haja vista que a obra pública que deu origem à exação não foi concluída, obter, nos termos do art. 165, do CTN, a repetição do indébito tributário. (Precedentes: REsp 615495/RS e 143996/SP) [REsp nº 647.134/SP. STJ, 1ª T. *DJU*, 1 fev 2007].

É de ciência certa que, paga a contribuição de melhoria antes de encerrada a obra pública, e vindo esta a não se concluir, ou a não ensejar a prevista valorização para os imóveis lindeiros, surge para os contribuintes o direito à repetição do recolhido, por configurar vero indébito tributário (frente à inocorrência do fato gerador do tributo). Sobre o momento da cobrança da contribuição de melhoria, ver item "Momento da cobrança", *supra*.

Não paira dúvida quanto ao fato de a legitimidade da cobrança da contribuição de melhoria estar forçosamente vinculada à execução de obra pública, sendo que o conceito desta pressupõe sua necessária e completa efetivação. Aí se materializa o elemento primeiro do fato gerador do tributo, cuja não concreção torna indevido o pagamento feito, obrigando a sua restituição, mormente quando realizado sob a *facies* de mera antecipação (por exigido antes do término da obra).

Cabe advertir que, *ex vi* do art. 168 do CTN, dispõe o sujeito passivo do prazo de cinco anos para pleitear a restituição do tributo indevidamente recolhido, contados da data em que houver efetuado o respectivo pagamento (inciso I).

Ausência de notificação do lançamento da contribuição de melhoria

Ao analisar a lacuna retratada acima, o STJ firmou jurisprudência no seguinte sentido:

1. O Tribunal *a quo*, em consonância com a jurisprudência desta Casa, extinguiu execução fiscal por vício em sua constituição, qual seja, não há comprovação quanto à notificação do devedor do lançamento da contribuição de melhoria. 2. Defende o agravante que a dívida ativa regularmente inscrita goza de presunção de certeza e liquidez, não precisando ela vir acompanhada da prova de notificação ou de qualquer outro ato administrativo para se constituir em instrumento apto aos fins executivos, competindo ao executado o ônus de provar a inexigibilidade total ou parcial da quantia que está sendo cobrada. 3. Com efeito, o título executivo possui presunção de certeza e liquidez *juris tantum*, admitindo prova em contrário quando questionada sua validade em sede de execução. Contudo, o vício alegado é antecedente à inscrição, isto é, refere-se à não ocorrência do procedimento de notificação ao contribuinte do lançamento, fato esse que contamina a constituição do crédito tributário [AgRg no Ag nº 1.265.138/SP, STJ, 1ª T. *DJU*, 24 nov. 2010].

Quase nada a aduzir à escorreita decisão encimada pela ementa linhas atrás transcrita. Pois, a contribuição de melhoria, tributo via de regra apurado mediante lançamento direto (*ex officio*), exige a notificação do devedor, pena de não se perfazer, não ensejando, daí, a constituição do respectivo crédito tributário. E, se não há crédito, não há débito, não há devedor, não há credor. Além do mais, se não houve regular lançamento, inibiu-se o contribuinte do direito à ampla defesa (CF/1988, art. 5º, LV), sendo certo que tal omissão é anterior à inscrição em dívida ativa e à eiva (e, de consequência, a própria execução fiscal), em nada lhe aproveitando a presunção de certeza e liquidez da certidão respectiva.

De tal consideração sobressai que a notificação do lançamento de contribuição de melhoria deve ser efetivamente realizada, não se aplicando a presunção particular do IPTU avalizada pela súmula nº 397 do STJ: "O contribuinte do IPTU é notificado do lançamento pelo envio do carnê ao seu endereço".

Perfeita, nesses termos, é a seguinte conclusão do acórdão do TJPR:

CONTRIBUIÇÃO DE MELHORIA – AUSÊNCIA DE NOTIFICAÇÃO DO CONTRIBUINTE – Inaplicável, no caso, a presunção de entrega do carnê para pagamento. Impossibilidade do exercício da impugnação. Aplicação do art. 82, parágrafo segundo, do CTN. Ônus da prova que compete à Fazenda Pública. Lançamento tributário que não se constituiu validamente [AC nº 88.779.486-1. TJPR, 3ª C. Cív. *DJPR*, 23 ago. 2011].

Instituição por lei específica para cada obra

A problemática a ser enfrentada neste item, ponto de alta indagação sobre o tributo contribuição de melhoria, vem recebendo do STJ o seguinte desate:

> A contribuição de melhoria é tributo cujo fato imponível decorre da valorização imobiliária que se segue a uma obra pública, ressoando inequívoca a necessidade de sua instituição por lei específica, emanada do Poder Público construtor, obra por obra, nos termos do art. 150, I, da CF/88 c/c art. 82 do CTN, uma vez que a legalidade estrita é incompatível com qualquer cláusula genérica de tributação (Precedente: REsp 739.342/RS) [REsp nº 927.846/RS. STJ, 1ª T. *DJU*, 20 ago. 2010].

A presente questão cinge-se à necessidade, ou não, de lei específica para exigência de contribuição de melhoria, isto é, uma lei para cada vez que o poder público entender cobrável o referido tributo, ou à suficiência de ato administrativo para tanto (decreto), em face da vigência de lei geral instituidora do tributo.

Há quem defenda não ser necessária a existência de uma lei específica, obra por obra, para a instituição e cobrança de contribuição de melhoria, bastando a existência de norma, nesse sentido, expressa em lei geral (via de regra, o código tributário do município) e a publicação do edital relativo à obra que se vai realizar. Os elementos corporificadores do tributo lá se acham definidos, incumbindo aos atos administrativos tão só a fixação dos elementos concretos referentes à obra, a saber: seu projeto, seu custo, a valorização que produzirá, a área de influência etc., procedimentos tendentes à elaboração do lançamento do tributo, em última análise.

E vai nessa direção o entender de Fernando Lemme Weiss (2006:30-31): "A cobrança da contribuição de melhoria em relação a cada obra depende de uma decisão política do chefe do Executivo, desde que já exista uma lei local que a tenha instituído".

Entretanto, não é por aí que caminha a firme jurisprudência de nossos tribunais, notadamente o STJ (como visto na ementa que enceta este tópico) e, à guisa de exemplificação, o Tribunal de Justiça gaúcho:

CONTRIBUIÇÃO DE MELHORIA. LEI ESPECÍFICA INSTITUIDORA. PRINCÍPIO DA LEGALIDADE. Nos termos do art. 150, I, da CF, inexigível tributo, caso da contribuição de melhoria, "sem lei que o estabeleça". Destoa da imposição a mera emissão de edital, pelo Poder Executivo Municipal, havendo lei municipal que preveja a cobrança do tributo, porque há de ser específica a lei instituidora [AC nº 70.039.595.723. TJRS, 2ª C. Cív. *DJRS*, 30 nov. 2011].

Um primeiro argumento repousa na fácil percepção de que a contribuição de melhoria revela nítida carga discriminatória, porquanto somente pode atingir determinadas pessoas como sujeitos passivos da obrigação tributária, em razão de valorização na sua propriedade por conta de o Estado ter realizado uma construção. Daí, em relação a esse tributo, o respeito ao princípio da legalidade (expresso no art. 150, I, da CF/1988) exsurge de suma relevância exigindo aplicação em plenitude, pena de ensejar ao Executivo a escolha das obras de que decorreria e dos contribuintes sujeitos ao seu pagamento, podendo afastar partidários, amigos e áreas geográficas inteiras, em flagrante e odioso privilégio.

Além disso, a publicação do edital deve preceder a cobrança (item "Os arts. 81 e 82 do CTN") e os elementos a serem nele insertos são minuciosos o suficiente para exigir referência sempre a apenas uma obra de cada vez. E mais: como tal publicação prévia é *conditio sine qua non* para votação e aprovação da própria lei, não bastam quaisquer leis genéricas que facultem ao Executivo exigir o tributo e que releguem a decretos as exigências do art. 82 do CTN, vez que continua necessária, para cada obra, uma lei específica, com publicação prévia daqueles elementos.

Agora, é definitiva para concluir pela exigibilidade de lei específica para cada obra a alegação expressa no seguinte julgado do STJ, atinente ao acatamento do princípio da anterioridade tributária:

> Acrescente-se, ainda, que a cobrança de tributo por simples ato administrativo da autoridade competente fere, ademais, o princípio da anterioridade, ou não surpresa para alguns, na medida em que impõe a potestade tributária sem permitir ao contribuinte organizar devidamente seu orçamento, nos moldes preconizados pela Constituição Federal (art. 150, III, "b") [REsp nº 739.342/RJ. STJ, 1ª T. *DJU*, 4 maio 2006].

Aplicação dos princípios da irretroatividade e da anterioridade

Encimam os subtópicos (1) e (2), a seguir, julgados do Tribunal de Justiça do Rio Grande do Sul, ratificadores da necessária aplicação dos referidos princípios constitucionais quando da cobrança de contribuição de melhoria:

1) Ofensa ao princípio da irretroatividade da lei. Configuração. Pois, a lei acima referida foi publicada após a conclusão da obra, uma vez que, conforme as razões do apelo, a mesma foi iniciada em 1999 e concluída em 2000 [AC nº 70.045.274.818. TJ RS, 2ª C. Cív. Julg. 9 nov. 2011].

A lei instituidora de tributo (ou que implique majoração) aplica-se aos fatos geradores ocorridos após o início de sua vigência, à luz do disposto no art. 150, III, "a", da CF/1988. Trata-se de regramento que se afina com o princípio da segurança jurídica e estabilidade das relações sociais, financeiras e econômicas que outro preceito constitucional genérico consagra: "a lei não prejudicará o direito adquirido, o ato jurídico perfeito e a coisa julgada" (CF/1988, art. 5º, XXXVI).

Na linha de referido comando superior, a lei instituidora da contribuição de melhoria (como de qualquer tributo) deve estar vigente e eficaz em momento anterior ao da ocorrência do fato gerador, sendo que este, como já dito e redito, em relação à contribuição de melhoria concretiza-se com a valorização decorrente de obra pública. Logo, se a obra foi concluída e havida a consequente valorização de imóveis próximos, a lei criadora do tributo já deve viger anteriormente a isso, porquanto, caso contrário, ressai inviabilizada sua aplicação à situação verificada em momento pretérito.

Aliás, o STF já se manifestara quanto a isso, no RE nº 84.543/SP (Pleno, *DJU*, 25 abr. 1978), quando asseverou ofender o sistema constitucional "lei que institui contribuição de melhoria em virtude de obras já iniciadas ou concluídas. Era de mister que a lei existisse ao tempo do fato gerador".

2) Fere o princípio da anterioridade a cobrança de Contribuição de Melhoria no mesmo exercício da sua instituição [AC nº 196.243.935. TARS, 1ª C. Cív. Julg. 19 ago. 1997].

A cobrança de tributo novo ou aumentado só se pode iniciar a partir do exercício financeiro seguinte àquele em que foi publicada a lei respectiva. Além disso, impõe-se o interregno de 90 dias entre a publicação da lei e o início da cobrança, conforme disposto nas alíneas "b" e "c" do inciso III do art. 150 da CF/1988 (princípio da anterioridade do exercício e "noventena").

Ad instar da irretroatividade da lci, salta à vista que este comando superior (em seus dois matizes) visa a preservar a segurança jurídica do contribuinte, evitando surpresas durante o exercício e, por outro lado, permitindo vigorar um planejamento anual de suas atividades econômico-financeiras, sem turbulências de fonte tributária. Sendo assim, lei criadora de contribuição de melhoria só terá eficácia em um exercício se publicada foi no anterior (cf. bem retratado na ementa *supra*), cuidando-se ainda de respeitar o prazo nonagesimal entre a data da publicação e a do início da cobrança.

Débito de contribuição de melhoria e impenhorabilidade do "bem de família"

Interessante diretriz hermenêutica provém do STJ (acórdão cuja ementa a seguir se transcreve), tendendo para a impossibilidade de "bem de família" ser alvo de penhora em face de débito de contribuição de melhoria:

As exceções à impenhorabilidade do bem de família, previstas no art. 3º da Lei 8.009/1990, devem ser interpretadas restritivamente, considerando a sistemática estabelecida pela lei, sendo certo que a ressalva da lei decorre de dívida do imóvel por contribuição de cota condominial e não contribuição de melhoria. É que o vocábulo contribuições a que alude o inciso IV, art. 3º, da Lei 8.009/90 não se reveste de qualquer conotação fiscal, mas representa, *in casu*, a cota-parte de cada condômino no rateio das despesas condominiais [REsp nº 873.224/RS. STJ, 1ª T. *DJU*, 3 nov. 2008].

Como sabido, a Lei nº 8.009/1990, em seu art. 1º, regra que "o imóvel residencial próprio do casal ou da entidade familiar é impenhorável e não responderá por qualquer tipo de dívida civil, comercial, fiscal, previdenciária ou de outra natureza". Já seu art. 3º excepciona (isto é, abona a penhorabilidade), entre outras hipóteses, "para cobrança de impostos, predial e territorial, taxas e contribuições devidas em função do imóvel familiar" (inciso IV).

Sólidos se deparam os dois argumentos jurídicos em que se fulcrou o STJ, a termo de inclinar-se pela impossibilidade de penhora em casos tais: (1) a impenhorabilidade do bem de família visa a preservar o devedor do constrangimento do despejo, que o relegue (e sua família) ao desabrigo, *est quod* a norma legal é de ser aplicada tendo em mira os fins sociais a que se destina; (2) nessa linha, a interpretação de seu art. 3º reclama viés restritivo, para entender que a ressalva nele expressa "decorre de dívida do imóvel por contribuição de cota condominial e não contribuição de melhoria".

Sem embargo, há decisões de tribunais estaduais em sentido contrário, como a que se segue:

Embargos à Execução Fiscal. Contribuição de melhoria. Penhora do bem imóvel. Oposição de impenhorabilidade, sob alegação de bem de família. Não cabimento, em face da exceção prevista na norma do art. 3º, IV, da Lei nº 8.009/90. Manutenção da constrição judicial. Embargos julgados improcedentes [AC nº 0150966-68.2006.8.26.0000. TJSP, 3ª C. Dir. Públ. Julg. 2 ago. 2011].

Contrato entre prefeitura e munícipes para realização de obra pública

A natureza contratual da obrigação acatada pelos cidadãos afasta qualquer referência à contribuição de melhoria, sendo certo que àqueles incumbe satisfazê-la (*pacta sunt servanda*), como bem retrata o seguinte julgado do Pretório Excelso:

OBRA PÚBLICA: O particular que assumiu, por contrato, a obrigação de ressarcir a sociedade de economia mista executora dos custos de obra pública de seu interesse, não pode opor à validade da obrigação livremente contraída a possibilidade, em tese, da instituição para a hipótese de contribuição de melhoria [RE nº 236.310/SP. STF, 1ª T. *DJU*, 6 abr. 2001].

A sobredita decisão não versa contribuição de melhoria, pois o ente político não a criou. Trata, sim, de quantia cobrada de proprietários de imóveis que aderiram, voluntariamente, à realização da obra, concordando com seu custo. Assinaram eles autorização legitimadora da expedição das duplicatas, não restando dúvida de que, ao firmarem livremente vínculo com a administração pública, tais títulos têm causa e são válidos.

Decadência e prescrição

O desígnio deste tópico é, a partir dos arestos dos TJPR (1) e TJMG (2), analisar a aplicação de sobreditos fenômenos instintivos de crédito tributário envolvendo contribuição de melhoria:

1) DECADÊNCIA. No caso dos autos, tem-se que a proposta formulada pela empresa construtora (licitação) foi homologada em 17.05.2002, para execução da obra em dois meses corridos. O Município não fez prova documental de que houve prorrogação da execução do contrato e que a conclusão efetiva das obras de pavimentação ocorreu em 26.05.2004, como alega em sua contestação. Assim, presume-se que a execução foi concluída em 17/07/2002, tal qual contratada. O prazo decadencial para lançamento do crédito tributário teve início no 1º dia do exercício seguinte àquele em que ele poderia ter sido realizado – 01/01/2003. No entanto, o edital de notificação de contribuição de melhoria a que alude o art. 5º do Decreto-lei 195/1967 (que também foi recepcionado pela CF/88 e que se destinava a detalhar os artigos 81 e 82 do CTN) somente foi publicado em 28/04/2009, quando já estaria consumada a decadência [AC nº 37.795158-2. TJPR, 1ª C. Cív. *DJPR*, 11 out. 2011].

A decadência, no âmbito tributário, é impeditiva do lançamento (e, portanto, da constituição do crédito), perfazendo-se quando a Fazenda Pública não o houver concretizado no prazo de cinco anos, cuja contagem o CTN disciplina, ou seja, "a partir do primeiro dia do exercício seguinte àquele em que o lançamento poderia ter sido efetuado" (art. 173, I) ou "a contar da ocorrência do fato gerador" (art. 150, § 4º).

O primeiro termo *a quo* da contagem vale para os tributos em geral, e o segundo, para os impostos apurados mediante lançamento por homologação.

A contribuição de melhoria atrai, de regra, lançamento direto (ou de ofício), pois a autoridade fazendária o realiza com os balizamentos inscritos no edital publicado e sem qualquer participação do sujeito passivo. Logo, concluída a obra pública e patenteada a valorização decorrente, o prazo de que dispõe o fisco para concluir o lançamento e notificar o sujeito passivo tem início no primeiro dia do exercício financeiro posterior (CTN, art. 173, I) e encerra-se no último dia do quinto ano subsequente, como bem retrata a ementa acima.

2) PRESCRIÇÃO. CONTRIBUIÇÃO DE MELHORIA. ARTIGO 174 DO CTN. 05 ANOS CONTADOS DA CONSTITUIÇÃO DEFINITIVA DO CRÉDITO TRIBUTÁRIO. HIPÓTESES DE SUSPENSÃO NÃO VERIFICADAS. TRANSCURSO DO PRAZO PRESCRICIONAL. DECRETAÇÃO DE OFÍCIO. POSSIBILIDADE. ARTIGO 219, § 5º, DO CPC. CONFIRMAÇÃO DA EXTINÇÃO DO FEITO. – A prescrição do direito de cobrança é verificada quando transcorrido o lapso temporal previsto no artigo 174 do CTN (05 anos), contado entre a data da constituição definitiva do crédito tributário e uma causa interruptiva. – A aplicação do inciso I, parágrafo único, do artigo 174 do CTN, com redação dada pela LC 118/2005, que dispõe sobre a interrupção do prazo prescricional "pelo despacho que ordenar a citação em execução fiscal", atinge processo ajuizado antes de sua entrada em vigor. Quando já decorri-

dos os 05 (cinco) anos entre a constituição definitiva do crédito e o despacho que ordenou a citação, resta configurada a prescrição [AC nº 1.0702.06.296265-0/001. TJMG, 1ª C. Cív. *DJU*, 22 out. 2010].

A prescrição, figura de natureza processual (embora próxima da decadência), implica a perda do direito de ação de cobrança do crédito tributário, contando-se o respectivo prazo (cinco anos, também) de sua "constituição definitiva" (CTN, art. 174). É pacífico que o crédito tributário constitui-se pelo lançamento, cuja definitividade se manifesta assim que não possa mais ser contestado na esfera administrativa.

Válido o aresto cuja ementa acima se transcreveu, cujo teor se afina com as notas ora feitas acerca da prescrição, além de aduzir outros aspectos interessantes que envolvem esse instituto jurídico. Proveitoso é, de outro foco, trazer à baila também acórdão que explicita a forma de identificação do termo *a quo* do prazo prescricional, no caso de o débito em exigência ter previsão de pagamento parcelado (cf. ementa que se segue):

CONTRIBUIÇÃO DE MELHORIA. PAGAMENTO PARCELADO. PRESCRIÇÃO. TERMO INICIAL. VENCIMENTO DE CADA PARCELA. 1. Quando o crédito tributário está decomposto em parcelas mensais, a prescrição tem por termo inicial o dia imediato após o vencimento de cada uma delas, conforme se extrai dos artigos 158, I, 161, ambos do CTN e do artigo 394 do Código Civil de 2002. Precedentes [REsp nº 1.130.316/SP. STJ, 2ª T. *DJU*, 3 nov. 2011].

Expedição de alvará e de "habite-se" condicionada ao pagamento de contribuição de melhoria

O TJSP negou validez à exigência do pagamento de débito de contribuição de melhoria, como condição para deferimento de alvará de localização de estabelecimento comercial:

ALVARÁ DE LICENÇA DE FUNCIONAMENTO DE ESTABELECIMENTO COMERCIAL. Subordinação do deferimento à prévia quitação de contribuição de melhoria incidente sobre o imóvel de que o impetrante é locatário. – Inadmissibilidade. – Segurança concedida [MS nº 0075034-21.1999.8.26.0000. TJSP, 6ª C. Dir. Públ. Julg. 17 ago. 2001].

A não concessão de alvará de funcionamento, sustentada na existência de débito de contribuição de melhoria relativa ao imóvel onde se sedia a empresa, torna o procedimento administrativo uma extraordinária, imprópria e afrontosa forma de cobrança de dívidas fiscais. Máxime porque a Fazenda Pública dispõe de meios judiciais próprios e adequados à realização de seus créditos tributários (Lei de Execução Fiscal, nº 6.830/1980), cuja não adoção implica, no mínimo, desrespeito ao princípio da ampla defesa e do contraditório. Ademais, não é lícito ao fisco, por via oblíqua, impor sanção política, máxime do tipo que implique restrição à atividade do contribuinte em débito (a apontada na ementa do acórdão *supra* é claro exemplo), como meio de alcançar o pagamento do tributo (seja qual for). Em igual sentido, como condição para expedição de ''Alvará de habite-se'' (AC nº 9204207-90.2009.8.26.0000. TJSP, 18ª C. Dir. Púb. Julg. 29 nov. 2012).

Foco inicial na doutrina

Princípios da isonomia e da capacidade contributiva

O princípio da isonomia tributária

Expresso no art. 150, II, da CF/1988, o princípio da isonomia tributária veda o poder tributante de estabelecer condutas diferentes para pessoas que guardem idêntica situação, no prisma econômico. Não há que negar que a existência de pobres e ricos na sociedade impõe tratamento fiscal diferenciado, exatamente em abono ao princípio contido nessa disposição constitucional. Mostra-se óbvio que exigir de todos a contribuição tributária em igual quantificação seria não apenas impraticável, mas também, e principalmente, injusto, porquanto implicaria maior sacrifício para uns do que para outros. Assim, o tratamento igual geraria a desigualdade de tributação, que o tratamento desigual, embora em aparente antinomia, age para evitar.

Pois bem. É item dos mais importantes da atividade estatal a execução de obras públicas que visem a atender ao interesse da coletividade. Ocorre que tais obras, além de propiciar benefícios à população em geral (seu efetivo desiderato), incidentalmente ensejam o benefício especial equivalente à valorização de imóveis que as circundam.

Essa inquestionável verdade escancara outras duas, interligadas ao fato de ter, ou não ter, ocorrido valorização decorrente da obra pública: se não houve, o benefício (geral) será idêntico para toda a coletividade, que deverá suportar por inteiro os gastos para sua realização; agora, se houve valorização específica para alguns, é justíssimo e isonômico (por se configurarem situações diferentes) que estes "contribuam para a reposição de, pelo menos, parte dos gastos implicados na execução da obra que foi custeada pela coletividade", como bem o diz Priscilla Figueiredo da Cunha Rodrigues (2002:85).

O princípio da capacidade contributiva

Esse princípio vê-se consagrado na segunda parte do art. 145, § 1º, da Constituição, e, embora ausente da maioria de nossas Cartas, sempre vigorou no sistema tributário brasileiro. É ele corolário da regra da isonomia tributária, esta sempre explícita em todas as Constituições brasileiras.

Sua dicção encerra um verdadeiro truísmo: não se pode instituir imposto com valoração superior às condições de quem deve pagá-lo. Há a lei, logicamente, que graduá-lo segundo tais condições, empreitada de evidente dificuldade prática, cuja realização deveria fundar-se direta e imediatamente no patrimônio e na renda do contribuinte. Por isso, atribui-se ao princípio em foco caráter programático, ou seja, norma dirigida aos legisladores no sentido de, para efeito da definição das hipóteses de incidências tributárias, elegerem fatos e circunstâncias aptas a denunciar a existência de capacidade econômica. Significa dizer que o fato gerador de um tributo tem de revelar a capacidade do sujeito passivo, ao menos indiciariamente, sendo violadora do princípio a lei que estabeleça, como geratriz de um imposto, situação ausente de conteúdo patrimonial, logo, não indicativa de que o destinatário da norma (contribuinte) tem condições de suportar a carga tributária criada. E é por esse enfoque basicamente jurídico que se adianta ser o princípio da capacidade contributiva um corolário da regra da igualdade jurídica.

Perfilha José Marcos Domingues de Oliveira (1988:53) que

> a submissão das contribuições de melhoria ao princípio da capacidade contributiva, se bem que negada por juristas de nomeada (Bilac Pinto e Geraldo Ataliba), resulta da própria natureza do seu fato gerador – valorização imobiliária em virtude de obra pública – que ao mesmo tempo se apresenta como indiscutível incremento patrimonial e, portanto, de capacidade contributiva.

Já o prof. Valdir de Oliveira Rocha (1993:384) defende, enfaticamente, que

> a exigência da contribuição de melhoria não está sujeita ao princípio da proporcionalidade à capacidade contributiva (§ 1º do art. 145 da Constituição). Entendo a capacidade contributiva como a possibilidade de suportar imposto, revelada pela situação econômica escolhida para a determinação do seu montante.

É de ciência certa que o princípio da capacidade contributiva é ínsito aos impostos, o que não significa, todavia, sua não aplicação às demais espécies tributárias. Agora, parece impróprio ver na mais-valia imobiliária ganha por seus proprietários capacidade para suportar contribuição de melhoria, haja vista que tal riqueza derivou de ação estranha a eles (obra pública) e que, em princípio, não modifica a capacidade econômica do contribuinte.

Por isso, sobressai mais viva consistência na asserção de que o princípio sob foco materializa-se ao estabelecer casos de isenção de contribuição de melhoria, como bem defende Priscilla Figueiredo da Cunha Rodrigues (2002:87): "Concluímos que o princípio da capacidade contributiva tem aplicação nos casos de contribuição de melhoria não para efeito da configuração do fato de que, se ocorrido, faz nascer o tributo, mas para eventuais isenções", diretriz que Ricardo Lobo Torres (2009:98) afiança:

> Mas parece-nos quer as taxas e contribuições de melhoria também sofrem a influência desse princípio de justiça fiscal, pelo menos no concernente às isenções e à entrega de serviços e obras públicas às populações carentes.

Aproposita-se, alfim, registrar pequena nota quanto à reflexão feita pelo prof. Ricardo Lobo Torres (2009:408), de que "a capacidade contributiva influi negativamente, impedindo que a Administração deixe de realizar obras públicas em favor da população carente, em face da impossibilidade do ressarcimento do custo". Pois, tal influência negativa, se ocorrente, evidenciaria estarem os governos esquecidos de que suas ações devem visar ao interesse coletivo, jamais podendo descurar dos reclamos vindos dos mais carentes. O caráter distributivo dos impostos que cobram permite a realização de obras públicas necessárias, nada importando se atendem mais diretamente às classes menos favorecidas.

Distinção entre a contribuição de melhoria e as demais espécies tributárias

É forte a tendência doutrinária no sentido de o tributo apresentar-se na forma de imposto, taxa ou contribuição de melhoria, como, aliás, registram o art. 145 da CF/1988 e o art. 5º do CTN e ratifica a teoria dos tributos vinculados, ou não, a atividades estatais. Esta, da lavra de Geraldo Ataliba (2002:141), assim se resume:

> Pode-se dizer, portanto, que são tributos vinculados aqueles cuja hipótese de incidência consiste na descrição de uma atuação estatal (ou numa consequência desta). São as taxas e contribuições especiais. São tributos não vinculados aqueles cuja h.i. consiste na descrição de um fato qualquer que não seja atuação estatal. São os impostos.

Entre os poucos autores que perfilham a divisão bipartite dos tributos, inclui-se Alfredo Augusto Becker (1972:351), que não reconhece autonomia à contribuição de melhoria como espécie tributária: "entendendo tratar-se, conforme a hipótese, de imposto (espécie de imposto de renda) ou de taxa". E assim arremata seu pensar: "A contribuição de melhoria será imposto quando a base de cálculo consistir na valorização imobiliária (mais-valia), e taxa, quando expressar o custo da obra pública".

Há ainda justributaristas que defendem a quinquipartição dos tributos, já que incluem entre os três já referidos, as contribuições sociais e os empréstimos compulsórios, como o faz, entre outros, Hugo de Brito Machado (1998:31), na esteira da diretriz provinda do STF (RE nº 138.284/CE. Pleno. *DJU*, 28 ago. 1992):

> As diversas espécies tributárias, determinadas pela hipótese de incidência ou pelo fato gerador da respectiva obrigação (CTN, art. 4º), são as seguintes: a) os impostos (CF, arts. 145, I, 153,

154, 155 e 156); b) as taxas (CF, art. 145, II); c) as contribuições, que podem ser assim classificadas: c.1. de melhoria (CF, art. 145, III); c.2. parafiscais (CF, art. 149), que são: c.2.1. sociais: c.2.1.1. de seguridade social (CF, art. 195, I a III); c.2.1.2. outras de seguridade social (CF, art. 1295, § 4º); c.2.1.3. sociais gerais (o salário-educação, CF, art. 212, § 5º; contribuições para o SESI, SENAI, SENAC, CF, art. 240); c.3. especiais: c.3.1. de intervenção no domínio econômico (CF, art. 149); c.3.2. corporativas (CF, art. 149); d) os empréstimos compulsórios (CF, art. 148).

Pois bem. Aqui, o objeto central é cotejar a contribuição de melhoria com as taxas, os impostos e os empréstimos compulsórios, não que se haja adotado a divisão quatripartite (com exclusão das contribuições especiais), mas tão somente porque as nítidas características de tais espécies tributárias (ao contrário da por último mencionada), ensejam a pronta verificação de tal confronto.

Num primeiro lance de vista, o quadro 5 estampa a diferenciação básica, aduzindo-se, empós, alguns complementos.

Quadro 5 – A contribuição de melhoria frente aos tributos em geral – diferenciação

Contribuição de melhoria É relacionada à atividade do poder público: realização de obra pública	**Impostos** São cobrados independentemente de atuação estatal específica relativa ao contribuinte
Contribuição de melhoria Tem como fato gerador o benefício advindo ao imóvel em consequência da obra pública	**Taxas** O fato gerador é o serviço público específico e divisível, posto à disposição do contribuinte, ou o exercício do poder de polícia
Contribuição de melhoria Restituição não é prevista	**Empréstimos compulsórios** Há restituição, ao contribuinte, do montante pago a título de empréstimo

Embora constituam tributos vinculados à atividade estatal inscrita na faixa de atribuições do ente tributante (competência administrativa) e ambas guardem finalidade redistributiva, a contribuição de melhoria e a taxa distinguem-se levando em conta os seguintes caracteres:

1) na contribuição de melhoria, pressupõe-se a realização de obra pública; na taxa, a prestação de serviço público;
2) na contribuição de melhoria, o interesse secundário é de uma classe de indivíduos (proprietários de imóveis valorizados pela obra pública); na taxa, é de uma pessoa considerada individualmente;
3) na contribuição de melhoria, o fato gerador é sempre instantâneo; na taxa, periódico, o mais das vezes;
4) na contribuição de melhoria, estipula-se o montante a pagar uma única vez e não periodicamente, como a maioria das taxas.

Sendo assim, duas diferenças básicas há entre a contribuição de melhoria e taxas: a primeira provém da distinção entre obra e serviço (cf. item "Obra pública, melhoria/valorização e contribuição"), enquanto a segunda resulta de que, na contribuição de melhoria, não basta a atividade, pois é necessária a ocorrência da valorização do imóvel do contribuinte.

Há, de outro foco, quem considere a contribuição de melhoria, se vinculada apenas ao custo da obra, uma espécie de taxa (ver excerto da obra do prof. Alfredo Augusto Becker, linhas atrás transcrito), tese esvaziada frente à verdade de que nossa contribuição de melhoria se atrela, necessariamente, ao custo da obra e à mais-valia do imóvel do contribuinte, segundo dito e redito no item "Limitações e limites" deste livro.

Quanto aos impostos, a distinção é também sensível, haja vista estes não se vincularem a qualquer atuação estatal, ao reverso da contribuição de melhoria, que decorre de obra pública (mais valorização imobiliária). Sobre as diferenças entre a contribuição de melhoria e o imposto de renda sobre lucro imobiliário, ver item "A contribuição de melhoria e o imposto sobre mais-valia", à frente.

Sem dúvida, os caracteres jurídicos basilares de cada uma dessas espécies tributárias as distinguem: (1) imposto = capacidade contributiva do sujeito passivo; (2) taxa = remuneração de serviços públicos específicos e divisíveis e exercício do poder de polícia; (3) contribuição de melhoria = benefício especial recebido pelo proprietário do imóvel (valorização decorrente de obra pública); (4) empréstimo compulsório = extraordinariedade e restituibilidade.

A contribuição de melhoria e o imposto sobre mais-valia

Sequaz da corrente bipartite das espécies tributárias, Alfredo Augusto Becker defende que contribuição de melhoria é imposto "quando a base de cálculo consistir na valorização imobiliária" (cf. item retro "Distinção entre a contribuição de melhoria e as demais espécies tributárias"). Como a Constituição põe a contribuição ao lado do imposto e da taxa (CF/1988, art. 145, I, II e III), daí os estremando, falta base jurídica a sobredito entendimento.

Inexiste dissonância quanto à diferença entre contribuição de melhoria e imposto, considerando seus fatos geradores vincularem-se, ou não, à atividade estatal: a primeira, sim; o segundo, não. Agora, particularmente em relação ao imposto de renda incidente sobre o lucro imobiliário, dá-se uma aproximação com a contribuição de melhoria, na medida em que ambos gravam a mais-valia. Distinguem-se, todavia, pois: (1) a contribuição de melhoria incide apenas sobre a valorização decursiva de obra pública, ao passo que o imposto de renda recai sobre mais-valias genericamente auferidas; (2) a contribuição de melhoria tem seu *quantum* balizado pelo benefício recebido (valorização), o que não constitui regramento necessário ao imposto de renda, na medida em que a ele se aplica o critério da progressividade (CF/1988, art. 153, § 2º); (3) a contribuição de melhoria tem seu fato gerador ocorrido tão só com o acréscimo de valor do imóvel (em face de obra pública), diversamente do imposto de renda, cuja concreção da hipótese de incidência pressupõe a materialização do ganho, via alienação do bem.

Nessa altura, impõe-se gizar a impossibilidade de verificar-se a superposta e cumulativa cobrança da contribuição e do imposto ora cotejados, haja vista a dedução prevista no art. 17 do DL nº 195/1967 (ver apêndice II), além de o Regulamento do Imposto de Renda (Decreto nº 3.000/1999), no art. 128, § 7º, prever que o *quantum* pago a título de contribuição de melhoria pode integrar o custo de aquisição do bem imóvel, base de cálculo do imposto sobre o ganho de capital na alienação de bens.

Tudo bem, mas como adverte Ricardo Lobo Torres (1986:395), a pouca instituição de contribuição de melhoria inibe a plena aplicação de sobreditas disposições legais, criando clara distorção:

> De notar que o imposto sobre a mais-valia e a contribuição de melhoria não são cumulativos: o imposto não deve incidir sobre a valorização decorrente da obra pública, mas apenas sobre a

mais-valia desvinculada de qualquer prestação do Estado. Isso não só como consequência do próprio conceito de cada um desses tributos, como também pela circunstância de que o princípio constitucional do custo/benefício é positivo, o que significa que o legislador e a Administração devem impor a contribuição de melhoria sempre que a mais-valia se originar de uma despesa pública. Sucede que a exata separação entre ambos os tributos se efetiva através do crédito fiscal, em que o contribuinte abate do valor do imposto o que pagou a título de contribuição de melhoria; de modo que, não havendo o lançamento desta, o imposto acaba incidindo injustificadamente sobre o valor da própria mais-valia decorrente da obra pública, pois o bis in idem, proibido, apenas se caracteriza na hipótese da cobrança simultânea de ambas as imposições.

A contribuição de melhoria e o IPTU

A partir do momento em que o IPTU adote a progressividade (aplicação de alíquotas maiores para imóveis de valores maiores, cf. art. 156, § 1º, I, da CF/1988), a valorização destes (por obra pública) interfere, simultaneamente, na contribuição de melhoria e na definição da alíquota do imposto municipal, evidenciando-se que o fato gerador da contribuição contém-se na essência da progressividade do IPTU. Isso porque se obra pública valorizar imóveis adjacentes, dará ensanchas à instituição de contribuição de melhoria e implicará a aplicação de possível alíquota maior no cálculo do IPTU referente a tais propriedades, por conta do aumento do valor venal.

Tal circunstância sugere a ideia de que um mesmo fato – valorização do imóvel – teria ensejado a exigência de contribuição de melhoria e o aumento do IPTU, propiciando a conclusão da ocorrência de *bis in idem*, errônea, todavia, porquanto esse fenômeno fiscal exige identidade de sujeitos passivos, da pessoa política tributante e do fato gerador. Ocorre *bis in idem* quando o mesmo ente político institui dupla exigência fiscal em relação ao mesmo fato gerador, fenômeno diverso da "bitributação", que pressupõe a incidência de tributos idênticos, por entes tributantes diversos. No caso, verifica-se a igualdade quanto aos dois primeiros elementos, mas não tocante ao último, na medida em que os fatos geradores dos tributos são diferentes: para o IPTU, a propriedade predial ou territorial urbana; para a contribuição de melhoria, a valorização imobiliária decorrente de obra pública.

Sem embargo disso e *de lege ferenda*, poderiam as legislações instituidoras do IPTU estabelecer a previsão de compensação parcial (até 30%, por exemplo) do que foi pago, regular e tempestivamente, a título de contribuição de melhoria (ao município), para efeito do cálculo do IPTU a recolher no exercício financeiro seguinte ao daquele pagamento, *ad instar* do que se prevê no art. 17 do DL nº 195/1967 (em relação ao imposto de renda). Essa medida legal, sem qualquer conflito com norma superior, robusteceria o grau de justeza que informa a contribuição de melhoria, além de encerrar válida e robusta argumentação para convencimento dos contribuintes.

Contribuição de melhoria e obra de demolição de imóvel público

Versa-se aqui a possibilidade da ocorrência do fato gerador de contribuição de melhoria, referentemente à demolição de edificação estatal (obra pública negativa), da qual haja decorrido valorização para imóveis adjacentes.

Há casos concretos de construções públicas que, com o passar do tempo, vêm a implicar estorvo ao desenvolvimento de bairros das cidades, como exemplificam o viaduto da Perimetral, no Rio de Janeiro, e o "Minhocão", em São Paulo. E tanto isso é verdade que o governo carioca já implodiu o seu (revitalizando a área do Porto do Rio de Janeiro) e notícias jornalísticas dão conta de que o paulistano já cogitou seguir o exemplo, de modo a propiciar a melhoria urbanística e arquitetônica das regiões da Barra Funda (São Paulo), viabilizando a utilização, como residências ou empreendimentos comerciais, da maioria dos imóveis no entorno de cada um

Não padece dúvida de que demolição e/ou construção de túneis e vias somente se podem efetivar por iniciativa do poder público (ainda que através de uma parceria público-privada ou em regime de concessão), em cujas execuções se gastam enormes cifras, para a obra em si e para a readequação urbana do local onde antes se situavam tais edificações. Por outro lado, nenhuma dúvida também paira quanto à ocorrência de valorização para os imóveis lindeiros, particularmente para os terrenos ainda vagos nas imediações, o que poderá ensejar a cobrança de contribuição de melhoria por tal mais-valia, certamente a depender de legislação específica.

Demolição de edificações públicas de fato não consta do rol do art. 2º do DL nº 195/1967, o que não estiola o remate acerca de ser possível a instituição de contribuição de melhoria a ela vinculada, primeiro porque, conforme já abordado no item "Obra pública, melhoria/valorização e contribuição", a referida enumeração é meramente exemplificativa, em que pese a expressão que fecha o inciso I – "e outros melhoramentos de praças e vias públicas" – decerto prestar-se para fins da abrangência da obra aqui pensada. Ademais, admitir o contrário seria ir de encontro ao princípio que veda o enriquecimento sem causa como um dos fundamentos da contribuição de melhoria, o qual já foi a flux examinado neste estudo.

Em escorço, embora a jurisprudência ainda não se tenha manifestado sobre a *quaestio*, mas tendo em mira que não existe vedação legal de nenhuma espécie para a instituição e cobrança de contribuição de melhoria quando a valorização imobiliária decorrer, não da usual obra de construção, mas sim da de destruição de bem público, e considerando que sua realização pode resultar na mais-valia que interessa ao tributo, notadamente nas grandes cidades onde há muitos terrenos marginais àqueles ocupados por obras públicas urbanisticamente obsoletas, é viável ao legislador municipal, estadual ou federal estatuir a exação na ocorrência dessas readequações urbanas, para que, na medida de seu acréscimo, o contribuinte que teve valorização de seu imóvel em decorrência da ação urbana estatal obrigue-se a repor, ao ente tributante, parte desta valorização, mediante a exação tributária em referência.

Capítulo 4

Sinopse conclusiva

As principais *dúvidas* atinentes à contribuição de melhoria foram discutidas neste estudo, em labor acompanhado sempre da proposição de *soluções* que as proscreveram, dando lugar a *certezas*. Convém ora a formulação de uma sinopse conclusiva.

1) São de ordem política, administrativa e jurídica, as causas da pouca instituição de contribuição de melhoria no Brasil.
2) Sobressaem as duas primeiras como as mais delicadas: o detalhamento exigido por lei para a publicação do edital e do memorial descritivo da obra; os orçamentos "inflados" de contratos para realização de obras públicas e para aquisição de materiais aplicados nas mesmas; a falta de vontade política dos administradores públicos; a antipatia geral com que seria recebida a imposição de mais um tributo, à vista da pesada carga tributária suportada pelos contribuintes brasileiros; a necessidade de

aparelhamento de órgão judicante para apreciar impugnações ao edital; a complexidade dos cálculos aplicáveis na quantificação da contribuição de melhoria, e mais...
3) Esta última posição crítica é facilmente suplantada mediante a utilização de conhecimentos científicos (como a matemática e a engenharia, particularmente de avaliação), para definição da base de cálculo da contribuição de melhoria (valorização do imóvel), posto que o custo da obra é *a priori* definido; quanto ao órgão judicante, basta a utilização das normas já existentes do processo administrativo-tributário, em vigor em cada unidade da Federação; quanto a constituir-se em mais um tributo, a coletividade deve ser esclarecida de que a instituição de contribuição de melhoria, dificultando a malversação dos recursos públicos, pode implicar a eliminação de outros tributos; quanto às causas de fundo escuso ou delituoso, seu enfrentamento incumbe à polícia e à Justiça (punitivo) e à população, nas eleições para governantes e parlamentares (preventivo).
4) Há os que afirmam que a abstenção do poder público decorre da exigência legal da prévia realização das obras, com o que restaria inviabilizado o tributo como fonte de recursos para seu custeio. Porém, as entidades públicas podem conseguir empréstimo em instituição financeira e utilizar o produto da arrecadação da contribuição de melhoria para o respectivo pagamento.
5) A contribuição de melhoria não é um instrumento ressarcitório, mas uma contraprestação ao poder público pela valorização de imóveis gerada por obra pública.
6) Outros apontam como costumeiro motivo para a não instituição de contribuição de melhoria a prática de apro-

veitar-se o governante, para ele próprio ou para seus amigos, do conhecimento prévio de que determinada obra será realizada, passando a adquirir os imóveis que serão objetos da decursiva valorização. Coletividade atenta deve agir contra isso, inclusive por meio de ação popular, além de convencer-se de que a contribuição de melhoria mostra-se instrumento eficaz para minimizar os efeitos danosos de tais condutas.

7) É verdade que as causas mais evidentes e fortes para a omissão sob foco são diversas e escondem o desejo de manter em sigilo as coisas públicas, para fins inomináveis; porém, mais verdadeiro é que urge assuma a sociedade brasileira postura tendente a destruí-las, por meio das associações de moradores, das ONGs, das entidades representativas estudantis, culturais, sindicais, religiosas etc.

8) Os questionamentos e polêmicas de ordem jurídica, como as divergências de interpretação relativas à necessidade de lei específica para a criação do tributo, ao momento da cobrança, à publicação do edital (entre outras), foram enfrentados neste livro (capítulo 3), com seguros encaminhamentos para suas soluções.

9) As normas legais vigentes e eficazes disciplinadoras da contribuição de melhoria encontram-se no CTN (arts. 81 e 82) e no DL nº 195/1967, ambos recepcionados como leis complementares à Constituição Federal de 1988, revelando-se normas gerais atinentes a esse tributo.

10) A contribuição de melhoria tem como fato gerador a realização de obra pública, desde que esta valorize os imóveis (de propriedade privada) que a circundam. Daí, sua base de cálculo ser o acréscimo de valor do bem be-

neficiado, consistindo o custo da obra o limite total da respectiva cobrança.

11) Sujeitos ativos da contribuição de melhoria são os entes políticos (União, estados, Distrito Federal e municípios), cuja competência (comum) é atribuída na Carta Magna (art. 145, III); sujeitos passivos, os proprietários de imóveis de domínio privado, em sentido lato, por incluir o posseiro (com *animus dominis*, inclusive *ad usucapionem*), o fiduciário, o enfiteuta, o usufrutuário, o promitente comprador imitido na posse e os titulares de direito de ocupação dos terrenos de marinha. No caso de imóvel objeto de contrato envolvendo direito de superfície, se a valorização alcançou todo o imóvel, ou seja, o terreno e as construções, cujos titulares são diversos (fundieiro e superficiário), em que pese o constante do art. 1.371 do Código Civil, ambos devem suportar proporcionalmente o encargo decorrente do tributo incidente sobre a valorização havida, na medida em que ambos enriqueceram (sem dar causa).

12) É inegável que a contribuição de melhoria, no ponto de vista prático, tem alguns predicados específicos que a qualificam e diferenciam da maioria dos demais tributos, principalmente dos impostos. Primeiro, é um tributo que permite levar para o âmbito orçamentário um procedimento mais justo através do qual, partindo do gasto realizado, verifica-se quais foram os beneficiários e qual será a carga tributária a eles destinada. Desse modo, atende-se a um princípio econômico da tributação, mediante o qual o tributo deve recair sobre o contribuinte de acordo com o benefício por ele recebido. Segundo, é um tributo que permite amortizar o custo de implementação de no-

vas obras, deixando para as tarifas apenas os gastos de manutenção, operação e reposição.

13) Além de sobreditas qualificações, a contribuição de melhoria exige maior transparência na execução das obras, bem como do processo licitatório, uma vez que o montante de recursos envolvidos não se dilui em diversos serviços, dada sua especificidade, daí possibilitando mais efetiva fiscalização pela sociedade.

14) O processo que visa à cobrança da contribuição de melhoria é um ato administrativo complexo, situando-se, na apuração e demonstração da valorização do imóvel, seu ponto mais trabalhoso, considerando o grau de diferenciação existente entre as obras normalmente realizadas pelo poder público, bem assim os benefícios auferidos pelos contribuintes e a consequente valorização de seus imóveis. É válido e eficaz que o Executivo crie uma especializada comissão de avaliação de imóveis com função de aquilatar o quanto acresceram em valor os imóveis após a realização da obra, a qual deve ser integrada por profissionais relacionados às áreas de engenharia e corretagem.

15) A determinação da valorização deve provir da diferença dos valores dos imóveis antes e depois da obra pública realizada, e a participação de uma competente comissão de avaliação de imóveis em sua apuração possibilita minimizar a dificuldade maior para implantação da contribuição de melhoria, que é determinar quanto valorizou cada imóvel individualmente e consequentemente chegar a um somatório dos acréscimos a todos os imóveis envolvidos e beneficiados no processo.

16) Definido, assim, o quanto valorizou cada imóvel, passa-se ao cálculo que irá determinar o quanto deve pagar

cada contribuinte, mediante a divisão proporcional do custo total ou parcial da obra realizada entre os proprietários de imóveis localizados em sua área de influência (sem descurar de conjuntamente ponderar tais limites).
17) Propõe-se aos gestores fazendários o grande desafio de desburocratizar os processos legais, implantando ou até aperfeiçoando as leis que definem e regulamentam a contribuição de melhoria, seguindo os preceitos maiores da Constituição Federal, do CTN e do DL nº 195/1967.
18) Por derradeiro, segue o bosquejo de recomendações que, se adotadas pelo Legislativo e pelo Executivo, conduzem a válidas contribuições de melhoria:
   a) o regramento geral para a instituição do tributo encontra-se no CTN (arts. 81 e 82) e no Decreto-Lei nº 195/1967;
   b) deve ser votada, em casa legislativa do ente federativo tributante, lei ordinária instituidora do tributo, observadas as limitações constitucionais ao poder de tributar contidas no art. 150 da Carta de 1988;
   c) a lei instituidora deverá ser específica para cada obra, contendo, entre outras disposições, o rito processual do exercício do direito ao contraditório e à ampla defesa por parte dos sujeitos passivos;
   d) podem ser erigidos à categoria de contribuintes, além do proprietário do imóvel valorizado, o posseiro (com *animus dominis*, inclusive *ad usucapionem*), o fiduciário, o enfiteuta, o usufrutuário, o promitente comprador imitido na posse e os titulares de direito de ocupação dos terrenos de marinha, bem assim o fundieiro e o superficiário (no caso de direito de superfície);

e) o fato gerador da contribuição de melhoria é misto, composto de dois núcleos: a realização de obra pelo poder público e a decorrente valorização imobiliária, mensurável e referível a um determinado grupo de cidadãos cujas propriedades imóveis se situam na zona de influência da obra;

f) não é admissível a instituição e cobrança da contribuição de melhoria tendo por base somente a testada do imóvel ou suas dimensões e nem o simples rateio do custo global da obra, porquanto há que se mensurar, por critérios técnicos inteligíveis e auditáveis, que o benefício da obra redundou em valorização imobiliária dos imóveis contidos na zona de influência;

g) no lançamento do tributo em questão devem-se respeitar os limites: *individual*, restrito à valorização mensurável como incorporada ao imóvel do sujeito passivo (apurada com base em índices de agregação de valor, claros e de fácil compreensão, atribuídos a cada uma das zonas de influência da obra); *global*, limitado ao custo total da obra, neste incluídas as despesas pré-operacionais, de levantamentos e de projetos;

h) as obras concluídas antes da vigência de lei ordinária instituidora desse tributo não podem ensejar a imposição do gravame aos beneficiários, pena de afronta ao princípio da irretroatividade da lei tributária;

i) a publicação do edital (com os elementos arrolados no art. 82 do CTN), sujeito à impugnação dos interessados, deve obrigatoriamente anteceder o lançamento e a cobrança do tributo, mas não necessariamente o início da execução da obra;

j) o lançamento da contribuição de melhoria tem como requisito a conclusão da obra ou de parcela dessa, bastante para implicar valorização ao imóvel do sujeito passivo.

Referências

AMARO, Luciano. *Direito tributário brasileiro*. 14. ed. São Paulo: Saraiva, 2008.

APOCALYPSE, Sidney S. *A contribuição de melhoria*: o dever político de sua cobrança. São Paulo: Resenha Tributária, 1975.

ARZUA, Heron. Considerações em torno da contribuição de melhoria. *Revista de Direito Tributário*, n. 2, p. 189-193, out./dez. 1977.

ATALIBA, Geraldo. *Natureza jurídica da contribuição de melhoria*. São Paulo: Revista dos Tribunais, 1964.

_____. *Em prol das contribuições de melhoria*. São Paulo: Resenha Tributária, 1976.

_____. *Hipótese de incidência tributária*. 6. ed. São Paulo: Malheiros, 2002.

BALEEIRO, Aliomar. *Direito tributário brasileiro*. 7. ed. Rio de Janeiro: Forense, 1975.

BARRETO, Aires F. Viabilização da cobrança de contribuição de melhoria. In: RESENHA TRIBUTÁRIA. *Anais do I Congresso Internacional de Estudos Tributários*. São Paulo: Resenha Tributária, 1980.

_____. Contribuição de melhoria. In: MARTINS, Ives Gandra da Silva (Coord.). *Curso de direito tributário*. São Paulo: Saraiva, 1982. p. 232-257.

BECKER, Alfredo Augusto. *Teoria geral do direito tributário*. 2. ed. São Paulo: Saraiva, 1972.

CAIRES, Hélio de. Alguns enfoques sobre a contribuição de melhoria. *Revista dos Tribunais*, n. 471, p. 267-285, jan. 1975.

CAMPOS FILHO, Paulo Barbosa. Recuperação das valorizações de obras públicas. *RF*, 84/286.

CARRAZZA, Roque Antonio. *Curso de direito constitucional e tributário*. 20. ed. São Paulo: Malheiros, 2004.

CARVALHO, Paulo de Barros. *Curso de direito tributário*. 19. ed. São Paulo: Saraiva, 2007.

CARVALHO, Rubens Miranda de. *Contribuição de melhoria e taxas no direito brasileiro*. São Paulo: Juarez Oliveira, 1999.

CATALDO, Paulo César. Taxa de contribuição de melhoria: natureza jurídica. *Revista de Direito Público*, n. 61, p. 81-98, 1995.

CAVALCANTI, Temístocles Brandão. Contribuição de melhoria. *Revista de Direito Administrativo*, n. 43, p. 423-435, 1996.

CHAVES, Antônio. Contribuição de melhoria. *RDA*, v. 99, p. 407-412, jan. 1970.

COELHO, José Washington. *Código Tributário Nacional interpretado*. Rio de Janeiro: Correio da Manhã, 1968.

COÊLHO, Sacha Calmon Navarro. *O controle da constitucionalidade das leis e do poder de tributar na Constituição de 1988*. Belo Horizonte: Del Rey, 1992.

_____. *Curso de direito tributário brasileiro*. 9. ed. Rio de Janeiro: Forense, 2007.

DENARI, Zelmo. *Curso de direito tributário*. Rio de Janeiro: Forense, 1990.

FANNUCHI, Fábio. *Curso de direito tributário brasileiro*. São Paulo: Resenha Tributária, 1974.

_____. *Curso de direito tributário brasileiro*. 4. ed. São Paulo: Resenha Tributária, 1980.

ICHIHARA, Yoshiak. Perfil da contribuição de melhoria. *Cadernos de Direito Tributário e Finanças Públicas*, v. 8, n. 42, jul./set. 1999.

JANCZESKI Célio Armando. A controvertida contribuição de melhoria. *Revista Dialética de Direito Tributário*, n. 30, p. 30-42, mar. 1998.

LEONETTI, Carlos Araújo. *A contribuição de melhoria na Constituição de 1988*. Florianópolis: Diploma Legal, 2000.

MACHADO, Hugo de Brito. O fato gerador da contribuição de melhoria. *Repertório IOB de Jurisprudência*: tributário, constitucional e administrativo, São Paulo, n. 20, p. 406-407, out. 1993.

_____. Os limites da contribuição de melhoria. *Revista Dialética de Direito Tributário*, n. 21, p. 60-70, jun. 1997.

_____. *Comentários ao Código Tributário Nacional (arts. 1º a 95)*. São Paulo: Saraiva, 1998.

_____. *Curso de direito tributário*. 25. ed. São Paulo: Malheiros, 2004.

MARQUES, Carlos Roberto V. *Contornos e fundamentos modernos da contribuição de melhoria*. Rio de Janeiro: Lumen Juris, 2005.

MARTINS, Ives Gandra da Silva. Presunções em face da Constituição Federal. In: _____. *Direito tributário interpretado*. Belém: Cejup, 1985.

_____. Contribuição de melhoria. *Repertório IOB de Jurisprudência*: tributário, constitucional e administrativo, São Paulo, n. 22, p. 396-402, nov. 1992.

_____. A contribuição de melhoria no sistema constitucional brasileiro. *Repertório IOB de Jurisprudência*: tributário, constitucional e administrativo, São Paulo, n. 13, p. 255-259, jul. 1994.

MARTINS, Rogério Vidal Gandra da Silva. A contribuição de melhoria e seu perfil no direito brasileiro. *Cadernos de Direito Tributário e Finanças Públicas*, v. 1, n. 2, p. 66-80, jan./mar. 1993.

MEIRELLES, Hely Lopes. Contribuição de melhoria e asfaltamento urbano. *Revista de Direito Público*, n. 16, p. 362-384, 1988.

MELLO, Celso Antônio Bandeira de. Taxa de polícia. *Revista de Direito Tributário*, n. 55, p. 75, jan./mar. 1991.

MELO, José Eduardo Soares de. *Curso de direito tributário*. 5. ed. São Paulo: Dialética, 2003.

_____. *Contribuições sociais no sistema tributário*. 5. ed. São Paulo: Malheiros, 2006.

MESQUITA, Luiz José de. Taxa e contribuição de melhoria. *Revista dos Tribunais*, n. 555, p. 257-272, jan. 1982.

MORAES, Bernardo Ribeiro de. *Compêndio de direito tributário*. Rio de Janeiro: Forense, 1984.

MOREIRA, João Baptista. *A contribuição de melhoria e a imposição da valorização imobiliária*. Rio de Janeiro: Forense, 1981.

NOGUEIRA, Ruy Barbosa. *Curso de direito tributário*. 6. ed. São Paulo: Saraiva, 1986.

_____. Contribuição de melhoria e taxa de iluminação pública. *Revista da Faculdade de Direito da USP*, n. 76, p. 39-51, [s.d.].

NUNES, Cleucio Santos. Exigência de contribuição de melhoria nos casos de transferências de receitas para execução de obra pública. *Revista Dialética de Direito Tributário*, n. 156, set. 2008.

NUSDEO, Fábio. Contribuição de melhorias. In: *Comentários ao CTN*. São Paulo: José Bushatsky, 1977. v. 3, p. 45-69.

OLIVEIRA, José Jayme de Macêdo. *Código Tributário Nacional*: comentários, doutrina, jurisprudência. 5. ed. São Paulo: Saraiva, 2010.

_____. Contribuição de melhoria e normas gerais (arts. 81 e 82, CTN e Dec.-Lei 195/67). *Revista Tributária e de Finanças Públicas*, n. 107, p. 131-148, nov./dez. 2012.

OLIVEIRA, José Marcos Domingues de. *Capacidade contributiva*: conteúdo e eficácia do princípio. Rio de Janeiro: Renovar, 1988.

OLIVEIRA, Régis Fernandes de. Inexistência da contribuição de melhoria no direito brasileiro. *Revista de Direito Tributário*, n. 36, p. 62-66, abr./jun. 1986.

PAULSEN, Leandro. *Curso de direito tributário*. Porto Alegre: Livraria do Advogado, 2007.

PEREIRA, Ivanaldo. *Contribuição de melhoria*: solução para os governos e cidadãos. Rio de Janeiro: J. L. Malavota, 2000.

PINTO, Bilac. *Contribuição de melhoria*. 2. ed. Rio de Janeiro: Forense, 2009.

PIRES, Adilson Rodrigues. *Manual de direito tributário*. Rio de Janeiro: Forense, 1994.

ROCHA, Valdir de Oliveira. A contribuição de melhoria na Constituição de 1988. *Repertório IOB de Jurisprudência*: tributário, constitucional e administrativo, São Paulo, n. 19, p. 383-385, 1993.

RODRIGUES, Priscilla Figueiredo da Cunha. *Contribuição de melhoria*. São Paulo: Malheiros, 2002.

SCHOUERI, Luís Eduardo. A instituição da contribuição de melhoria e a necessidade da valorização do imóvel. *Direito Tributário Atual*, v. 15, p. 51-62, 1998.

SILVA, Edgard Neves da. Contribuição de melhoria. In: MARTINS, Ives Gandra da Silva (Coord.). *Curso de direito tributário*. São Paulo: Saraiva, 2000. p. 773-785.

SILVEIRA, Rodrigo Maitto da. Contribuições de melhoria. *Direito Tributário Atual*, n. 18, 2004.

TORRES, Ricardo Lobo. Sistemas constitucionais tributários. In: _____. *Tratado de direito tributário brasileiro*. Rio de Janeiro: Forense, 1986. v. II.

_____. *Curso de direito financeiro e tributário*. 16. ed. Rio de Janeiro: Renovar, 2009.

WEISS, Fernando Lemme. *Princípios tributários e financeiros*. Rio de Janeiro: Lumen Juris, 2006.

Apêndices

Apêndice I. CTN (Lei nº 5.172/1966), arts. 81 e 82

Art. 81. A contribuição de melhoria cobrada pela União, pelos Estados, pelo Distrito Federal ou pelos Municípios, no âmbito de suas respectivas atribuições, é instituída para fazer face ao custo de obras públicas de que decorra valorização imobiliária, tendo como limite total a despesa realizada e como limite individual o acréscimo de valor que da obra resultar para cada imóvel beneficiado.

Art. 82. A lei relativa à contribuição de melhoria observará os seguintes requisitos mínimos:
I - publicação prévia dos seguintes elementos:
a) memorial descritivo do projeto;
b) orçamento do custo da obra;
c) determinação da parcela do custo da obra a ser financiada pela contribuição;

d) delimitação da zona beneficiada;

e) determinação do fator de absorção do benefício da valorização para toda a zona ou para cada uma das áreas diferenciadas, nela contidas;

II - fixação de prazo, não inferior a 30 (trinta) dias, para impugnação, pelos interessados, de qualquer dos elementos referidos no inciso anterior;

III - regulamentação do processo administrativo de instrução e julgamento da impugnação a que se refere o inciso anterior, sem prejuízo da sua apreciação judicial.

§ 1º. A contribuição relativa a cada imóvel será determinada pelo rateio da parcela do custo da obra a que se refere a alínea "c", do inciso I, pelos imóveis situados na zona beneficiada em função dos respectivos fatores individuais de valorização.

§ 2º. Por ocasião do respectivo lançamento, cada contribuinte deverá ser notificado do montante da contribuição, da forma e dos prazos de seu pagamento e dos elementos que integraram o respectivo cálculo.

Apêndice II. Decreto-Lei nº 195, de 24 de fevereiro de 1967

Dispõe sobre a cobrança da contribuição de melhoria.

O PRESIDENTE DA REPÚBLICA, usando das atribuições que lhe confere o § 2º do art. 9º do Ato Institucional nº 4, de 7 de dezembro de 1966, resolve baixar o seguinte DECRETO-LEI:

Art. 1º. A Contribuição de Melhoria, prevista na Constituição Federal, tem como fato gerador o acréscimo do valor do imóvel localizado nas áreas beneficiadas direta ou indiretamente por obras públicas.

Art. 2º. Será devida a Contribuição de Melhoria, no caso de valorização de imóveis de propriedade privada, em virtude de qualquer das seguintes obras públicas:
I - abertura, alargamento, pavimentação, iluminação, arborização, esgotos pluviais e outros melhoramentos de praças e vias públicas;
II - construção e ampliação de parques, campos de desportos, pontes, túneis e viadutos;
III - construção ou ampliação de sistemas de trânsito rápido inclusive todas as obras e edificações necessárias ao funcionamento do sistema;
IV - serviços e obras de abastecimento de água potável, esgotos, instalações de redes elétricas, telefônicas, transportes e comunicações em geral ou de suprimento de gás, funiculares, ascensores e instalações de comodidade pública;
V - proteção contra secas, inundações, erosão, ressacas, e de saneamento de drenagem em geral, diques, cais, desobstru-

ção de barras, portos e canais, retificação e regularização de cursos d'água e irrigação;

VI - construção de estradas de ferro e construção, pavimentação e melhoramento de estradas de rodagem;

VII - construção de aeródromos e aeroportos e seus acessos;

VIII - aterros e realizações de embelezamento em geral, inclusive desapropriações em desenvolvimento de plano de aspecto paisagístico.

Art. 3º. A Contribuição de Melhoria a ser exigida pela União, Estado, Distrito Federal e Municípios para fazer face ao custo das obras públicas, será cobrada pela Unidade Administrativa que as realizar, adotando-se como critério o benefício resultante da obra, calculado através de índices cadastrais das respectivas zonas de influência, a serem fixados em regulamentação deste Decreto-lei.

§ 1º. A apuração, dependendo da natureza das obras, far-se-á levando em conta a situação do imóvel na zona de influência, sua testada, área, finalidade de exploração econômica e outros elementos a serem considerados, isolada ou conjuntamente.

§ 2º. A determinação da Contribuição de Melhoria far-se-á rateando, proporcionalmente, o custo parcial ou total das obras, entre todos os imóveis incluídos nas respectivas zonas de influência.

§ 3º. A Contribuição de Melhoria será cobrada dos proprietários de imóveis do domínio privado, situados nas áreas direta e indiretamente beneficiadas pela obra.

§ 4º. Reputam-se feitas pela União as obras executadas pelos Territórios.

Art. 4º. A cobrança da Contribuição de Melhoria terá como limite o custo das obras, computadas as despesas de estudos, projetos, fiscalização, desapropriações, administração, execução e financiamento, inclusive prêmios de reembolso e outras de praxe em financiamento ou empréstimos e terá a sua expressão monetária atualizada na época do lançamento mediante aplicação de coeficientes de correção monetária.

§ 1º. Serão incluídos nos orçamentos de custo das obras, todos investimentos necessários para que os benefícios delas decorrentes sejam integralmente alcançados pelos imóveis situados nas respectivas zonas de influência.

§ 2º. A percentagem do custo real a ser cobrada mediante Contribuição de Melhoria será fixada tendo em vista a natureza da obra, os benefícios para os usuários, as atividades econômicas predominantes e o nível de desenvolvimento da região.

Art. 5º. Para cobrança da Contribuição de Melhoria, a Administração competente deverá publicar o Edital, contendo, entre outros, os seguintes elementos:

I - delimitação das áreas direta e indiretamente beneficiadas e a relação dos imóveis nelas compreendidos;
II - memorial descritivo do projeto;
III - orçamento total ou parcial do custo das obras;
IV - determinação da parcela do custo das obras a ser ressarcida pela contribuição, com o correspondente plano de rateio entre os imóveis beneficiados.

Parágrafo único. O disposto neste artigo aplica-se, também, aos casos de cobrança da Contribuição de Melhoria por obras públicas em execução, constantes de projetos ainda não concluídos.

Art. 6º. Os proprietários de imóveis situados nas zonas beneficiadas pelas obras públicas têm o prazo de 30 (trinta) dias, a começar da data da publicação do Edital referido no artigo 5º, para a impugnação de qualquer dos elementos dele constantes, cabendo ao impugnante o ônus da prova.

Art. 7º. A impugnação deverá ser dirigida à Administração competente, através de petição, que servirá para o início do processo administrativo conforme venha a ser regulamentado por decreto federal.

Art. 8º. Responde pelo pagamento da Contribuição de Melhoria o proprietário do imóvel ao tempo do seu lançamento, e esta responsabilidade se transmite aos adquirentes e sucessores, a qualquer título, do domínio do imóvel.
§ 1º. No caso de enfiteuse, responde pela Contribuição de Melhoria o enfiteuta.
§ 2º. No imóvel locado é lícito ao locador exigir aumento de aluguel correspondente a 10% (dez por cento) ao ano da Contribuição de Melhoria efetivamente paga.
§ 3º. É nula a cláusula do contrato de locação que atribua ao locatário o pagamento, no todo ou em parte, da Contribuição de Melhoria lançada sobre o imóvel.
§ 4º. Os bens indivisos serão considerados como pertencentes a um só proprietário e aquele que for lançado terá direito de exigir dos condôminos as parcelas que lhes couberem.

Art. 9º. Executada a obra de melhoramento na sua totalidade ou em parte suficiente para beneficiar determinados imóveis, de modo a justificar o início da cobrança da Contribuição de Melhoria, proceder-se-á ao lançamento referente a esses imóveis depois de publicado o respectivo demonstrativo de custos.

Art. 10. O órgão encarregado do lançamento deverá escriturar, em registro próprio, o débito da Contribuição de Melhoria correspondente a cada imóvel, notificando o proprietário, diretamente ou por edital, do:
I - valor da Contribuição de Melhoria lançada;
II - prazo para o seu pagamento, suas prestações e vencimentos;
III - prazo para a impugnação;
IV - local do pagamento.
Parágrafo único. Dentro do prazo que lhe for concedido na notificação do lançamento, que não será inferior a 30 (trinta) dias, a contribuinte poderá reclamar, ao órgão lançador, contra:
I - o erro na localização e dimensões do imóvel;
II - o cálculo dos índices atribuídos;
III - o valor da contribuição;
IV - o número de prestações.

Art. 11. Os requerimentos de impugnação de reclamação, como também quaisquer recursos administrativos não suspendem o início ou prosseguimento das obras e nem terão efeito de obstar à administração a prática dos atos necessários ao lançamento e cobrança da contribuição de melhoria.

Art. 12. A Contribuição de Melhoria será paga pelo contribuinte da forma que a sua parcela anual não exceda a 3% (três por cento) do maior valor fiscal do seu imóvel, atualizado à época da cobrança.

§ 1º. O ato da autoridade que determinar o lançamento poderá fixar descontos para o pagamento à vista, ou em prazos menores que o lançado.

§ 2º. As prestações da Contribuição de Melhoria serão corrigidas monetariamente, de acordo com os coeficientes aplicáveis na correção dos débitos fiscais.

§ 3º. O atraso no pagamento das prestações fixadas no lançamento sujeitará o contribuinte à multa de mora de 12% (doze por cento) ao ano.

§ 4º. É lícito, ao contribuinte, liquidar a Contribuição de Melhoria com títulos da dívida pública, emitidos especialmente para financiamento da obra pela qual foi lançado; neste caso, o pagamento será feito pelo valor nominal do título, se o preço do mercado for inferior.

§ 5º. No caso do serviço público concedido, o poder concedente poderá lançar e arrecadar a contribuição.

§ 6º. Mediante convênio, a União poderá legar aos Estados e Municípios, ou ao Distrito Federal, o lançamento e a arrecadação da Contribuição de Melhoria devida por obra pública federal, fixando a percentagem na receita que caberá ao Estado ou Município que arrecadar a Contribuição.

§ 7º. Nas obras federais, quando, por circunstâncias da área a ser lançada ou da natureza da obra, o montante previsto na arrecadação da Contribuição de Melhoria não compensar o lançamento pela União, ou por seus órgãos, o lançamento poderá ser delegado aos municípios interessados e neste caso:

a) caberão aos Municípios o lançamento, arrecadação e as receitas apuradas; e

b) o órgão federal delegante se limitará a fixar os índices e critérios para o lançamento.

Art. 13. A cobrança da Contribuição de Melhoria, resultante de obras executadas pela União, situadas em áreas urbanas de um único Município, poderá ser efetuada pelo órgão arrecadador municipal, em convênio com o órgão federal que houver realizado as referidas obras.

Art. 14. A conservação, a operação e a manutenção das obras referidas no artigo anterior, depois de concluídas, constituem encargos do Município em que estiverem situadas.

Art. 15. Os encargos de conservação, operação e manutenção das obras de drenagem e irrigação, não abrangidas pelo art. 13 e implantadas através da Contribuição de Melhoria, serão custeados pelos seus usuários.

Art. 16. Do produto de arrecadação de Contribuição de Melhoria, nas áreas prioritárias para a Reforma Agrária, cobrada pela União e prevista como integrante do Fundo Nacional de Reforma Agrária (art. 28, I, da Lei nº 4.504, de 30-11-64), o Instituto Brasileiro de Reforma Agrária destinará importância idêntica à recolhida para ser aplicada em novas obras e projetos de Reforma Agrária pelo mesmo órgão que realizou as obras públicas do que decorreu a contribuição.

Art. 17. Para efeito do imposto sobre a renda, devido, sobre a valorização imobiliária resultante de obra pública, deduzir-se-á a importância que o contribuinte houver pago, o título de Contribuição de Melhoria.

Art. 18. A dívida fiscal oriunda da Contribuição de Melhoria terá preferência sobre outras dívidas fiscais quanto ao imóvel beneficiado.

Art. 19. Fica revogada a Lei nº 854, de 10 de outubro de 1949, e demais disposições legais em contrário.

Art. 20. Dentro de 90 (noventa) dias o Poder Executivo baixará decreto regulamentando o presente decreto-lei, que entra em vigor na data de sua publicação.

Brasília, 24 de fevereiro de 1967; 146º da Independência e 79º da República.

Apêndice III. Questões de provas (com soluções propostas)

Discursivas

1) O município de Monte Alegre construiu um elevado, passando pela rua X, com o objetivo de melhorar o tráfego de veículos entre os bairros A e B. Como consequência da obra, os imóveis dos bairros A e B foram valorizados, enquanto os imóveis da rua X, por onde passa o elevado, sofreram significativa desvalorização. Pergunta-se: é legítima a pretensão do município de cobrar contribuição de melhoria sobre os imóveis situados na rua X e nos bairros A e B, em decorrência da obra?

2) A prefeitura de certo município executou obras de asfaltamento das ruas do bairro C. Os proprietários dos imóveis situados nas ruas beneficiadas pela obra receberam notificação do lançamento da taxa de asfaltamento, instituída por lei municipal. Está correta a exigência?

3) O prefeito de Colibri/RJ, pretendendo realizar obras de contenção de encostas e de dragagem de rios, solicitou à procuradoria municipal que respondesse as seguintes perguntas: (a) Pode-se instituir contribuição de melhoria? (b) Como as obras estão orçadas em R$ 1 milhão, pode ser estabelecido que os proprietários dos imóveis localizados em suas áreas de influência paguem quantia equivalente ao resultado da divisão de 75% do custo da obra pela área do imóvel? (c) Pode-se criar a contribuição de melhoria por decreto, porquanto o Código Tributário Municipal já define os elementos básicos do tributo? Requer-se a elaboração de parecer conclusivo.

4) Canoa Livre, município cearense, instituiu contribuição de melhoria vinculada à obra pública que realizou (pavimenta-

ção de certa rua), (a) tendo publicado o edital referido no art. 82 do CTN depois de finda a obra; (b) tendo definido em 50% do custo da obra o montante a ser cobrado a título de referida contribuição de melhoria; (c) tendo fixado o valor da cobrança em R$ 10,00 multiplicados pela metragem da testada do imóvel; (d) tendo omitido, no edital, qualquer referência à impugnação aos elementos deste. Examine as afirmações (a) a (d) e conclua pela correção, ou não, de cada uma.

5) O edital vinculado à instituição de contribuição de melhoria (a) compreende uma série de atos administrativos articulados entre si; (b) tem de ser publicado na imprensa, e não apenas fixado no recinto da prefeitura; (c) não precisa conter esclarecimento quanto ao prazo para conclusão da obra pública; (d) é procedimento que a lei instituidora da contribuição de melhoria pode dispensar. Examine as afirmações e conclua pela correção, ou não, de cada uma.

6) O estado do Rio de Janeiro (a) construiu provisórias instalações destinadas a uma exposição de produtos agrícolas; (b) pavimentou duas avenidas de um bairro de sua capital e recapeou outras duas; (c) construiu um ginásio poliesportivo e ampliou o estádio de futebol. Analise cada uma das situações relacionadas e aponte as que podem dar ensejo à instituição de contribuição de melhoria.

7) Icone, município catarinense, instituiu e cobrou contribuição de melhoria vinculada às obras de construção de um hospital e de uma escola, que realizou no ano de 2008, numa mesma localidade. Certo advogado ingressou com ação de repetição de indébito (em face do que pagara seu cliente a título de tal tributo), sob os argumentos de que, até hoje, o hospital não começou a funcionar e de que tal obra não consta do art. 2º do DL nº 195/1967. Você, juiz, proferiria sentença favorável ao autor?

8) Por que se afirma que a contribuição de melhoria é tributo "justo, democrático, participativo e antipopulista", revelando-se injusto e incoerente o sistema tributário que não o contemple?

9) Certa obra pública foi iniciada em janeiro de 2004 e concluída em dezembro de 2005, tendo propiciado valorização para alguns imóveis localizados em suas redondezas. Lei complementar, publicada em março de 2011, oriunda da câmara de vereadores do município que a realizou, instituiu contribuição de melhoria vinculada à dita obra pública. É constitucional a referida lei?

10) Substituição do sistema de iluminação pública por outro mais moderno, inclusive com troca de lâmpadas, pode ensejar a criação de contribuição de melhoria?

11) A prefeitura construiu uma ponte sobre um rio, beneficiando todos os habitantes de certa localidade. Diga sobre a validez de instituir-se contribuição de melhoria.

12) É válida a cobrança de contribuição de melhoria relativamente a imóvel de propriedade da OAB, em decorrência da realização, pela prefeitura municipal, de obra de recapeamento asfáltico do logradouro em que se situa referido bem?

13) Considere que o governador do Distrito Federal tenha sancionado lei instituindo a cobrança de contribuição de melhoria devida pelos proprietários de imóveis localizados nas imediações de uma ponte que seria construída sobre o lago Paranoá. O tributo novel seria devido em face do incremento de valor que a obra pública acarretaria às propriedades situadas nos locais definidos na lei sancionada. É correto afirmar que a Constituição autoriza que o Distrito Federal promova a instituição de contribuição de melhoria?

14) Caso o governo do Distrito Federal promovesse a edificação de uma nova ponte no lago Sul, então poderia ser instituída contribuição de melhoria para custeio da obra, a ser cobrada de todos os que utilizassem a ponte de maneira regular?
15) Pode o Estado instituir contribuição de melhoria por medida provisória? Em caso afirmativo, sua cobrança poderá efetivar-se no exercício financeiro seguinte ao de sua publicação ou da publicação da lei de conversão da medida provisória?

Propostas de soluções

1) O fato gerador da contribuição de melhoria é a valorização imobiliária decorrente de obra pública; se houve obra, mas não valorização de imóveis a ela adjacentes, não se concretizou a hipótese de incidência do tributo, sendo por isso inexigível. Deveras, se da obra decorreu desvalorização para os imóveis da rua X, seus proprietários têm direito a indenização, pleiteável na via cível. Aliás, a existência de tal direito é legitimador do tributo contribuição de melhoria.
2) Não, por inconstitucional, na medida em que a execução de obras públicas só pode ensejar a instituição de contribuição de melhoria (não de taxa) e desde que delas decorra valorização para os imóveis circunvizinhos.
3) (a) Pode, desde que tais obras provoquem mais-valia para imóveis adjacentes. (b) Quanto ao custo da obra rateável entre os contribuintes ser menor que o total (75%), não há problema, pois o custo total é apenas limite; sobre quantificar-se o que deve cada contribuinte mediante a divisão do custo da obra pela área do imóvel, há irregularidade em face de possível desrespeito ao limite individual (parcela da valori-

zação agregada ao imóvel). (c) Não, pois, em obediência ao princípio da legalidade, a criação de tributo exige lei formal (CF/1988, art. 150, I).

4) (a) Sem vício, pois, segundo o art. 5º do DL nº 195/1967, o edital é exigível para a cobrança do tributo, sendo necessário que preceda apenas a esta. (b) Não há problema algum, pois o custo total da obra é apenas limite para a cobrança do tributo. (c) Há irregularidade em quantificar-se o que deve cada contribuinte mediante a divisão do custo da obra pela testada do imóvel, em face de possível desrespeito ao limite individual (parcela da valorização agregada ao imóvel). (d) Invalida o tributo o descumprimento do inciso II do art. 82 do CTN.

5) (a) Correta a afirmação, porquanto o edital resulta dos vários procedimentos expressos no art. 82, I, do CTN, todos tendentes à verificação do fato gerador do tributo e à sua quantificação. (b) É de ciência certa que uma lei, para entrar em vigor, necessita de publicação, nos termos do artigo 1º da LICC (Lei de Introdução ao Código Civil). No entanto, no caso das leis municipais, a publicação não está restrita a órgão oficial do município. Até porque existem municípios pequenos e pobres no país que não possuem imprensa oficial, sendo incompatível com a realidade brasileira a exigência de que todos os municípios tenham *Diário Oficial*, no mínimo porque isso significaria mais despesas. Daí, válida a conclusão de que a publicação da lei municipal no pátio da câmara municipal atende perfeitamente à finalidade de divulgação da norma e garante sua eficácia junto a terceiros. Ademais, publicação oficial não se confunde com publicação em *Diário Oficial*; publicação oficial de lei das respectivas esferas de competência faz-se segundo o modo que cada ente fixar; a edilidade, fixando em lei

orgânica ou por norma costumeira, como forma de publicação oficial, a afixação de cópia dos atos normativos no átrio da prefeitura ou da câmara municipal atende à exigência legal e constitucional de publicação; a publicação em Diário Oficial próprio é apenas uma das hipóteses de fixação de modo de publicação. (c) É verdade que o rol do art. 82, I, do CTN não contempla o prazo para conclusão da obra pública, levando a resposta positiva à questão. Porém, nos demais requisitos do edital, com certeza, pode/deve haver menção a tal dado. (d) Negativo, por força do expresso no art. 82, I, do CTN.

6) (a) Construções temporárias não se inscrevem entre as obras suscetíveis de gerar contribuição de melhoria, máxime por não ensejar a necessária e definitiva valorização de imóveis. (b) A pavimentação de rodovia é obra que implica valorização para a respectiva área, mas não o recapeamento, que, em última análise, constitui serviço, além de não ensejar mais-valia imobiliária, conforme sedimentou o STF (RE nº 116.148/SP. *DJU*, 21 maio 1993). (c) Tais obras públicas, se propiciaram valorização para os imóveis que a circundam, podem perfeitamente desencadear a instituição de contribuição de melhoria.

7) O fato gerador da contribuição de melhoria é a valorização decorrente de obra pública. No caso de ambas se materializarem, exsurge válido o tributo, nada importando se o bem público construído está, ou não, tendo a utilização devida. O fato de a referida obra não constar do rol do art. 2º do DL nº 195/1967 não invalida a criação do tributo, porquanto lá se tem enumeração meramente exemplificativa.

8) Porque, como salientado na ementa do acórdão do TJES (processo nº 021000229217), "a contribuição de melhoria pode propiciar ao poder público os recursos necessários à realiza-

ção de importantes obras de infraestrutura, com a vantagem de impedir que tais projetos sejam utilizados como moeda de troca para favorecimentos políticos, para enriquecimento das empreiteiras, ou para a obtenção das verbas de campanha. A contribuição de melhoria é assim um tributo democrático, participativo e antipopulista, porque o contribuinte estaria pagando pela obra e saberia, portanto, que não deve qualquer favor a nenhum político. O contribuinte sentiria também mais diretamente a necessidade de fiscalizar a obra que está sendo realizada com o seu dinheiro".

9) Primeiro, o emprego de lei complementar para instituição de tributo é cabível, se há regramento nesse sentido na Lei Orgânica do município. Agora, por ferir o princípio da irretroatividade da lei tributária (CF/1988, art. 150, III, "a"), mostra-se inconstitucional o aludido diploma legal. Note-se que o fato gerador do tributo concretizou-se em dezembro de 2005 e a dita lei foi publicada anos após (2011).

10) Com certeza não, pois, no caso, não se configura efetiva obra pública, em cujo conceito não se pode esquecer o surgimento de coisa, bem que antes não existia. Na espécie, tem-se mero serviço de adequação e modernização do sistema de iluminação pública.

11) O benefício que interessa à contribuição de melhoria é a valorização gerada pela obra pública para os imóveis próximos à mesma, sendo irrelevante o benefício geral dela decorrente (ou seja, a toda a população). Só teria cabimento a instituição de contribuição de melhoria se o resultado da obra (construção da ponte) aumentasse o valor dos imóveis adjacentes.

12) É manifesta a invalidez do tributo, pois: (a) os bens da OAB são de natureza pública e, por isso, não abarcados pela hipó-

tese de incidência da contribuição de melhoria (cf. art. 2º do DL nº 195/1967; (b) o recapeamento asfáltico não acarreta a valorização do imóvel, como iterativamente vem decidindo o STF.

13) Segundo o enunciado, a obra pública (pouco importando de que natureza) gerou incremento de valor às propriedades situadas em suas imediações. Estão aí os elementos materiais do fato gerador do tributo contribuição de melhoria, por isso afinado com a Constituição.

14) Só caberia a criação de contribuição de melhoria se a nova ponte implicasse mais-valia para os imóveis circundantes, sendo seus proprietários os contribuintes do tributo. Benefício geral decorrente de obra pública não legitima o aludido tributo, mesmo porque exação cobrável de todos que venham a utilizar a nova ponte ou é taxa ou tarifa, por estar vinculada à prestação de serviço público.

15) Sim, em face da autonomia legislativa dos estados. Em tal sentido, a ADI nº 425/TO (STF. *DJU*, 10 dez. 2003) e o art. 25, § 2º, da CF/1988 (parte final), exigindo que a Constituição contenha previsão nesse sentido e que se produza medida provisória com os caracteres delineados no art. 62 da CF/1988. Prevalece o entendimento de que o termo inicial para efeito da aplicação do princípio da anterioridade é o da publicação da medida provisória (cf. AgRg no AI nº 749.301/SP. STJ. *DJU*, 21 jun. 2011).

Contribuição de melhoria

Múltipla escolha

1) Não é válida a instituição de contribuição de melhoria em face de:
   a) Recapeamento asfáltico de via pública.
   b) Construção de viadutos.
   c) Construção de esgotos pluviais.
   d) Obras de contenção de encostas.
   e) Pavimentação de estradas.

2) José, contribuinte do IPTU, reside em imóvel de sua propriedade, defronte a uma praça municipal. A prefeitura local canalizou ali um córrego, asfaltou as ruas adjacentes à praça, arborizando-a e ajardinando-a. Por consequência, a casa de José aumentou de preço. Em face do exposto, José, em razão da valorização de sua propriedade, está potencialmente:
   a) Sujeito ao pagamento de contribuição de melhoria.
   b) Sujeito ao pagamento apenas do IPTU.
   c) Sujeito ao pagamento de taxa pela utilização de serviços públicos, específicos e divisíveis.
   d) Sujeito ao pagamento de taxa pelo exercício do poder de polícia.
   e) Livre da exigência de qualquer outro tributo, pois já é contribuinte do IPTU e, com base na arrecadação desse tributo, é que foram feitas as obras.

3) Assinale a afirmação, relativa ao edital referido no art. 82 do CTN, que contém erro:
   a) A finalidade do edital não é ensejar a impugnação da obra.
   b) É inválida a contribuição de melhoria se do edital não consta a relação dos imóveis abrangidos pela obra pública.

c) Em regra, o edital deve ser publicado na imprensa, oficial ou não.

d) O ente público deve publicar dois editais: um antes da obra e outro depois de encerrada.

e) Inválida a contribuição de melhoria se do edital constar o prazo de 20 dias para impugnação de seus elementos.

4) Não constitui limite à cobrança de contribuição de melhoria:
   a) Custo da obra.
   b) Montante equivalente à valorização do imóvel.
   c) Parcela anual não superior a 3% do maior valor fiscal do imóvel.
   d) Custo da mão de obra, proporcional ao tempo de duração da obra.
   e) Não há limite definido no CTN.

5) Para que seja devida contribuição de melhoria é necessário:
   a) Uma atividade estatal que beneficie toda coletividade.
   b) Valorização imobiliária decorrente de qualquer tipo de obra.
   c) Valorização imobiliária decorrente de obra pública.
   d) Apenas a construção de obras públicas.
   e) A prestação de serviço público específico e divisível.

6) Um município realizou a pavimentação de uma avenida que causou valorização para as propriedades do entorno. É possível cobrar contribuição de melhoria?
   a) Sim, pois ocorreu o fato gerador que autoriza essa cobrança.
   b) Não, pois esse tipo de melhoria é cobrado por meio de taxa.
   c) Sim, desde que seja instituída pelo estado e arrecadada pelo município.

d) Não, pois somente a União pode instituir e arrecadar contribuição de melhoria.

e) Sim, mesmo que da obra não decorresse mais-valia imobiliária.

7) O Distrito Federal construiu uma obra cujo valor ficou em R$ 20 mil. Essa obra valorizou, igualmente, 10 imóveis localizados na zona beneficiada, o que ensejou na cobrança de contribuição de melhoria. Com base nisso, assinale a alternativa correta:

a) Poderá ser cobrado de cada proprietário dos imóveis valorizados o valor máximo de R$ 3.000,00.

b) Poderá ser cobrado de cada proprietário dos imóveis valorizados o valor máximo de R$ 2.182,00.

c) Poderá ser cobrado de cada proprietário dos imóveis valorizados o valor máximo de R$ 2.500,00.

d) Poderá ser cobrado de cada proprietário dos imóveis valorizados o valor máximo de R$ 2.000,00.

e) Não poderá ser cobrada contribuição de melhoria.

8) Município instituiu contribuição de melhoria para custear obra pública de ampliação de via expressa de ligação entre bairros. A previsão do custo total da obra é de R$ 1.000.000,00, e a previsão de arrecadação da contribuição é de R$ 1.500.000,00. O valor da contribuição, para cada imóvel, foi calculado com base na efetiva valorização imobiliária e em plano de rateio previamente publicado. A irregularidade no procedimento descrito consiste em não poder:

a) O total de arrecadação ser superior ao custo da obra.

b) A contribuição de melhoria destinar-se ao custeio de obra viária.

c) A contribuição de cada imóvel ser calculada com base na sua valorização imobiliária.
d) O plano de rateio ser publicado previamente.
e) O total da arrecadação exceder o *quantum* da mais-valia individual.

9) Das alternativas abaixo, não se considera obra pública:
   a) Construção de parques.
   b) Limpeza e conservação de avenida.
   c) Proteção contra inundações.
   d) Realizações de embelezamento em geral.
   e) Pavimentação de rodovia.

10) Assinale a afirmativa que contém erro:
   a) A Constituição da República prevê que contribuição de melhoria, decorrente de obras públicas, tenha por limite o custo total da obra e o valor da melhoria por ela trazida, e que tenha sido precedida de referendo popular.
   b) A Constituição de 1988 não estabelece que o limite total da contribuição de melhoria seja o valor da despesa realizada pela obra pública que lhe deu causa.
   c) Contribuições de melhoria são tributos atribuídos à competência comum da União, dos estados, do Distrito Federal e dos municípios.
   d) As imunidades tributárias não alcançam as contribuições de melhoria.
   e) Não basta a realização de obra pública para legitimar a cobrança de contribuição de melhoria.

11) Um dos elementos que diferenciam as taxas das contribuições de melhoria é o fato de que as taxas:
a) Remuneram serviços públicos específicos e indivisíveis, ao passo que as contribuições de melhoria remuneram serviços públicos específicos e divisíveis.
b) Não dizem respeito a nenhuma atividade estatal específica, ao passo que as contribuições de melhoria apresentam o atributo da referibilidade.
c) Remuneram serviços públicos, ao passo que as contribuições de melhoria têm como contrapartida a realização de obras públicas e a consequente valorização imobiliária.
d) São cobradas pela prestação de serviços públicos, ainda que apenas postos à disposição do usuário, ao passo que o pagamento das contribuições de melhoria é facultativo.
e) Remuneram serviços públicos, ao passo que as contribuições de melhoria têm como contrapartida apenas a valorização imobiliária.

12) Assinale a alternativa em que se encontra corretamente definido o fato gerador da contribuição de melhoria:
a) Utilização, efetiva ou potencial, de serviço público específico e indivisível, prestado ao contribuinte ou posto à sua disposição.
b) Utilização, efetiva ou potencial, de serviço público específico e divisível, prestado ao contribuinte ou posto à sua disposição.
c) O exercício regular do poder de polícia.
d) Obra pública de que decorra valorização imobiliária.
e) Uma situação independente de qualquer atividade estatal específica, relativa ao contribuinte.

13) Assinale a afirmativa incorreta:
a) O objeto da tributação por contribuição de melhoria é a mais-valia imobiliária e não o bem-estar trazido pela obra pública, ou o conforto, maior ou menor, que dela decorra.
b) Estabelecimento comercial que, em decorrência da realização de melhoramentos públicos, teve seu fundo de comércio altamente valorizado não se sujeita à contribuição de melhoria instituída pelo município que realizou a obra.
c) Se as obras implicarem desvalorização específica de alguns imóveis, não obstante ocorra valorização em um número maior, o poder público deve indenizar os proprietários daqueles.
d) A cobrança da contribuição de melhoria não leva em conta as peculiaridades dos proprietários dos imóveis valorizados, senão apenas a valorização.
e) A decisão sobre a necessidade e conveniência da obra pública e a decisão de cobrar a contribuição de melhoria estão entre as faculdades da administração pública.

14) A publicação da lei instituidora de contribuição de melhoria:
a) Deve anteceder a conclusão da obra pública.
b) Pode ocorrer depois do fim da obra pública.
c) Deve anteceder o início da obra pública.
d) Pode ocorrer até cinco anos após a conclusão da obra pública.
e) Pode ocorrer depois do lançamento do tributo.

15) Coloque [C] ou [I] se correta ou incorreta cada uma das afirmativas abaixo:
a) As contribuições de melhoria são devidas em função da prestação de serviços públicos divisíveis (*auditor do Tesouro, Natal/RN, 2001*). [   ]

b) As contribuições de melhoria somente podem ser exigidas pela União Federal como instrumento de sua intervenção no domínio econômico, pois que se destinam primordialmente a custear obras públicas que beneficiem imóveis privados, adotando-se como parâmetro a valorização em tais imóveis (*juiz de direito/MG, 2006*). [ ]

c) A contribuição de melhoria é o tributo cuja obrigação tem por fato gerador a valorização de imóveis do contribuinte em decorrência da execução de obras públicas tão somente pelo município (*promotor de justiça/BA, 2004*). [ ]

d) Contribuições de melhoria são tributos criados mediante lei, que se vinculam ora à realização de uma obra pública, ora à valorização imobiliária, de maneira alternativa. (*juiz de direito/PR, 2007*). [ ]

e) Considerando que, em virtude da construção de uma ponte, o município Alfa estabeleça contribuição de melhoria para fazer face ao custo da referida obra pública, a contribuição relativa a cada imóvel será determinada pelo rateio da parcela do custo da obra entre os imóveis situados na zona beneficiada em função dos respectivos fatores individuais de valorização (*procurador/RN, 2008*). [ ]

f) A contribuição de melhoria é uma espécie de tributo cuja exigência depende de lei específica, a qual deverá observar requisitos mínimos estabelecidos no art. 82 do CTN, entre os quais a publicação do memorial descritivo do projeto, do orçamento do custo da obra e da delimitação da zona beneficiada (*procuradoria/GO, 2005*). [ ]

g) O edital previsto no art. 5º do DL nº 195/1967 deve integrar a lei da contribuição de melhoria. [ ]

h) Deve haver uma contemporaneidade entre a valorização do imóvel e a obra pública, que àquela deve anteceder. [ ]

i) Embora não mencionados na CF/1988 (art. 145, III), permanecem os limites individual e global para efeito da quantificação da contribuição de melhoria. [   ]

j) A conservação de estradas não pode ensejar a instituição de contribuição de melhoria. [   ]

Soluções

1) a	4) d	7) d	10) a	13) e
2) a	5) c	8) a	11) c	14) c
3) d	6) a	9) b	12) d	15) I / I / I / I / C / C / I / C / C / C

Livros publicados pela Coleção FGV de Bolso

(01) *A história na América Latina: ensaio de crítica historiográfica* (2009)
de Jurandir Malerba. 146p.
Série 'História'

(02) *Os Brics e a ordem global* (2009)
de Andrew Hurrell, Neil MacFarlane, Rosemary Foot e Amrita Narlikar. 168p.
Série 'Entenda o Mundo'

(03) *Brasil-Estados Unidos: desencontros e afinidades* (2009)
de Monica Hirst, com ensaio analítico de Andrew Hurrell. 244p.
Série 'Entenda o Mundo'

(04) *Gringo na laje: produção, circulação e consumo da favela turística* (2009)
de Bianca Freire-Medeiros. 164p.
Série 'Turismo'

(05) *Pensando com a sociologia* (2009)
de João Marcelo Ehlert Maia e Luiz Fernando Almeida Pereira. 132p.
Série 'Sociedade & Cultura'

(06) *Políticas culturais no Brasil: dos anos 1930 ao século XXI* (2009)
de Lia Calabre. 144p.
Série 'Sociedade & Cultura'

(07) *Política externa e poder militar no Brasil: universos paralelos* (2009)
de João Paulo Soares Alsina Júnior. 160p.
Série 'Entenda o Mundo'

(08) *A mundialização* (2009)
de Jean-Pierre Paulet. 164p.
Série 'Sociedade & Economia'

(09) *Geopolítica da África* (2009)
de Philippe Hugon. 172p.
Série 'Entenda o Mundo'

(10) *Pequena introdução à filosofia* (2009)
de Françoise Raffin. 208p.
Série 'Filosofia'

(11) *Indústria cultural: uma introdução* (2010)
de Rodrigo Duarte. 132p.
Série 'Filosofia'

(12) *Antropologia das emoções* (2010)
de Claudia Barcellos Rezende e Maria Claudia Coelho. 136p.
Série 'Sociedade & Cultura'

(13) *O desafio historiográfico* (2010)
de José Carlos Reis. 160p.
Série 'História'

(14) *O que a China quer?* (2010)
de G. John Ikenberry, Jeffrey W. Legro, Rosemary Foot e Shaun Breslin. 132p.
Série 'Entenda o Mundo'

(15) *Os índios na História do Brasil* (2010)
de Maria Regina Celestino de Almeida. 164p.
Série 'História'

(16) *O que é o Ministério Público?* (2010)
de Alzira Alves de Abreu. 124p.
Série 'Sociedade & Cultura'

(17) *Campanha permanente: o Brasil e a reforma do Conselho de Segurança das Nações Unidas* (2010)
de João Augusto Costa Vargas. 132p.
Série 'Sociedade & Cultura'

(18) *Ensino de história e consciência histórica: implicações didáticas de uma discussão contemporânea* (2011)
de Luis Fernando Cerri. 138p.
Série 'História'

(19) *Obama e as Américas* (2011)
de Abraham Lowenthal, Laurence Whitehead e Theodore Piccone. 210p.
Série 'Entenda o Mundo'

(20) *Perspectivas macroeconômicas* (2011)
de Paulo Gala. 134p.
Série 'Economia & Gestão'

(21) *A história da China Popular no século XX* (2012)
de Shu Sheng. 204p.
Série 'História'

(22) *Ditaduras contemporâneas* (2013)
de Maurício Santoro. 140p.
Série 'Entenda o Mundo'

(23) *Destinos do turismo: percursos para a sustentabilidade* (2013)
de Helena Araújo Costa. 166p.
Série 'Turismo'

(24) *A construção da Nação Canarinho: uma história institucional da seleção brasileira de futebol, 1914-1970* (2013)
de Carlos Eduardo Barbosa Sarmento. 180p.
Série 'História'

(25) *A era das conquistas: américa espanhola, séculos XVI e XVII* (2013)
de Ronaldo Raminelli. 180p.
Série 'História'

(26) *As Misericórdias portuguesas: séculos XVI e XVII* (2013)
de Isabel dos Guimarães Sá. 150p.
Série 'História'

(27) *A política dos palcos: teatro no primeiro governo Vargas (1930-1945)* (2013)
de Angélica Ricci Camargo. 150p.
Série 'História'

(28) *A Bolsa no bolso: fundamentos para investimentos em ações* (2013)
de Moises e Ilda Spritzer. 144p.
Série 'Economia & Gestão'

(29) *O que é Creative Commons? Novos modelos de direito autoral em um mundo mais criativo* (2013)
de Sérgio Branco e Walter Britto. 176p.
Série 'Direito & Sociedade'

(30) *A América portuguesa e os sistemas atlânticos na Época Moderna: Monarquia pluricontinental e Antigo Regime* (2013)
de João Fragoso, Roberto Guedes e Thiago Krause. 184p.
Série 'História'

(31) *O Bolsa Família e a social-democracia* (2013)
de Débora Thomé. 158p.
Série 'Sociedade & Cultura'

(32) *A Índia na ordem global* (2013)
de Oliver Stuenkel (Coord.). 120p.
Série 'Entenda o Mundo'

(33) *Escravidão e liberdade nas Américas* (2013)
de Keila Grinberg e Sue Peabody. 146p.
Série 'História'

(34) *Meios alternativos de solução de conflitos* (2013)
de Daniela Gabbay, Diego Faleck e Fernanda Tartuce. 104p.
Série 'Direito & Sociedade'

(35) *O golpe de 1964: momentos decisivos* (2014)
de Carlos Fico. 148p.
Série 'História'

(36) *Livro digital e bibliotecas* (2014)
de Liliana Giusti Serra. 186p.
Série 'Sociedade & Cultura'

(37) *A proteção jurídica aos animais no Brasil: uma breve história* (2014)
de Samylla Mól e Renato Venancio. 142p.
Série 'História'

(38) *A memória, história e historiografia* (2015)
de Fernando Catroga. 100p.
Série 'História'

(39) *Água é vida: eu cuido, eu poupo – para um futuro sem crise* (2015)
de Ana Alice De Carli. 126p.
Série 'Direito & Sociedade'

(40) *A qualidade do livro didático de história: no Brasil, na França e nos Estados Unidos da América* (2015)
de Itamar Freitas e Margarida Maria Dias de Oliveira. 216p.
Série 'História'

(41) *Direito e desenvolvimento: diário de um jurista urbano* (2015)
de Carlos Ragazzo. 132p.
Série 'Direito & Sociedade'

(42) *Os desafios da substituição tributária: a incidência do ICMS sobre o vinho* (2015)
de Leonardo de Andrade Costa e Luciana Azevedo da C. Fülöp. 160p.
Série 'Direito & Sociedade'

(43) *A experiência indígena e o ensino de história* (2017)
de Itamar Freitas. Ebook
Série 'História'